タテ社会の力学

中根千枝

講談社学術文庫

はじめに

本書は拙著『タテ社会の人間関係』（講談社現代新書、一九六七年）の姉妹篇であるが、同書に展開した筆者のタテの理論の延長線上にあるものではなく、別のアングルからの分析で、前者とは理論的にあい補う関係に位置するものである。

一九六七年に『タテ社会の人間関係』が出版されて以来、筆者自身予想もしなかったことであるが、「タテ社会」という用語がよく使われるようになった。さらに一九七〇年には同書の英語版 *Japanese Society* が出版されたため、内外から筆者の理論に関するさまざまな意見がよせられた。その中で一番筆者が当惑したのは、タテの理論によって日本社会のすべてを説明したかのような受け取られ方をしたことであった。

また、筆者の意味する「タテの関係」というのは、きわめて抽象的な概念で、特定の価値観や内容に限定されないものであるにもかかわらず、往々にして、強者と弱者の関係（上から下への関係）としてのみ受け取られてしまったため、多くの誤解や行き過ぎが生まれたことは残念である（本書によって、それらは解消されることと思うが、これらのことをふくめて一連の批判に対して筆者の見解を提示したことがあり、それを本書の巻末に付記したので参照されたい)。

タテ社会の理論は、日本社会に内在する重要な一側面をとらえたもので、これだけでは、日本社会の構造的メカニズムを理解するのに、不十分であることはいうまでもない。それればかりか、タテ社会の理論自体にも、私にとって一つの弱点があったのである。それは、タテの構造をもった相互に独立した諸集団を結びつけ、全体社会の統合を可能にするメカニズムについて、理論的に満足すべき説明をすることができなかったことである。

実は、この理論的空隙《くうげき》を、私は中央政府による行政的統合ということでなんとかまとめたものであった。社会人類学的構造論で説明しきれないところを、行政組織によってカヴァしたわけである。全体の社会学的理論構築に、行政組織を補足的に導入するのならばよいが、後者で前者の不十分さを補ってしまうのは、正攻法ではなく、付け焼き刃的で、そこが私のタテ理論の最も弱いところであると思っていた。しかし、この弱点は幸か不幸か誰からも指摘されることがなかった。

爾来、私はこの弱点をなんとか克服したいものと考えつづけ、四年前やっとその理論化にこぎつけたような気がした。それは、本書で展開するように力学的考察の導入によるものであった。主たる理論形成はできても細部の仕上げに意外に時間をとったことと、専門の研究や大学の仕事などに追われ、ついに今日までいたってしまった。
このように、本書はその源を『タテ社会の人間関係』に発しているが、前著がどちらかというとスタティックなモデルの提示であったのに対し、本書はダイナミックなメカニズムを追究したものである。たとえていうならば、『タテ社会の人間関係』は側面からの透視によって、その骨格を浮き彫りにしたのに対して、本書は生きた実態の断面を解剖したものである。

本書の原稿は昨十二月初めインドに出発する直前に完成した。筆者が四ヵ月にわたるヒマラヤの実態調査に従事している間、本書の編集・連絡などすべてを担当された講談社の田代忠之氏に心から感謝する次第である。
なお、巻末の付記1・2はそれぞれ雑誌『ロアジール』と『アニマ』に掲載されたものである。この転載は余暇開発センターならびに平凡社（そして日高敏隆氏）の好意ある承諾によるものである。

一九七八年一月五日　ニューデリーにて　　中根千枝

目次

タテ社会の力学

第一部　個人と集団——小集団の特性

1　個体認識について

民間信仰的な個人主義

欧米の人々と日本人の社会学的認識を対比して、個人主義と集団主義ということがよくいわれる。そして、日本にほんとうの意味での個人主義が確立されていないのは、日本の近代化がまだ本格的な段階にいたっていない証拠である、などといわれている。この個人主義対集団主義という設定は、両者が対置されるというよりは、あくまで、前者がまず設定されていて、後者はそれと異なる様相の説明として使われているにすぎず、集団主義の内容分析、ならびに概念は明確ではない。個人主義を高く評価する見方は、西欧で強く主張されている個人主義は人類にとって普遍的な認識でありうるはずで、そのような意識がない、あるいは十分発達していないのは、まだ社会が近代的に十分成熟していないからだと、条件的な差異として理解しようとする立場から出るものと思われる。

しかし、実際、彼らと生活を共にしたり、よく交わってみると、この根強い個人意識というものは、たんに社会の成熟度というか、近代化の度合といった条件的な差ではなく、少なくとも私には、あたかも民間信仰のような性質をもつものという印象を受ける。このような強い個人の意識——それと密接に関係していると思われる個人の権利・義務の観念——は、日本ばかりでなく、西欧と対照的な文明を築いたインドや中国の伝統にもない。これはきわめて西欧的な文化で、もちろんその歴史・哲学・心理などからくわしく説明しうるところであろうが、ここでは、それがどのような社会学的思考と関係しているかを、比較文化の立場から考察し、日本との違いを構造的に解明してみたいと思う。

個人主義を標榜する彼らの思考の基盤は、何よりも不分割・不合流の個人という単位の設定にあると思われる。個人、すなわち individual は indivisible で、不可分の単位で、社会のアトムを構成し、社会構築の原点として、他に比較できないユニークな単位である。社会は個人があってはじめて構築されうるのであり、個人はそのもとになっている。これは一見あたりまえのことのようであるが、論理的には、これは一つの個体認識のあり方であって、必ずしも普遍性をもちうるとはいえない。つまり、それは西欧の人々の哲学・心理のあり方を反映した一つの常識的な考え方といえよう。

生物にとって個体とは何か

個人主義の母体となっている個体認識というものを本格的に考えるために、個体(individual)というものの性質について研究の進んでいる生物学の解釈を参考にしてみたいと思う(興味深いことに、日本人は、個人と個体というように別のよび方をしているが、英語では、いずれも同じindividualという用語が使われる)。生物の世界のことがらやメカニズムがそのまま人間社会に適用できるなどとは思わないが、問題を考えるうえにたいへんよい刺激を与えてくれるのである。

最近の生物学の研究において、ベルタランフィは、「私たちが、自身を他のものと異なる個別的存在だと経験したときだけは、個体性というものを直接に感じとれるが、私たちの周囲の生物については、これを厳密に定義するわけにはゆかないのである」(フォン・ベルタランフィ著、長野敬・飯島衛共訳『生命——有機体論の考察』一九五四年、みすず書房、五三ページ)と結論し、個体というものをどの単位に設定すべきかということは容易にできないことを明記している。たとえば、

淡水ポリプを研究すると個体概念がどんなにあいまいなものかがわかる。適当に

処理した切片は両頭のポリプを生ずる。この二つの頭は世にも奇妙なぐあいに張りあう。ミジンコ一匹をつかまえると、どちらの頭がこれを食べようと同じであるにもかかわらず、両方の頭が獲物をめぐって角逐《かくちく》するが、いずれにしても結局は共通の胃腔にはいりこみ、そこで消化され全部の部分がこれを利用するのである。このポリプは《一つの》個体か《二つ》とすべきかなどといってみても意味がない。ところが自然はこの質疑に答えてくれる。やがてこの二重動物は二匹に分かれるか、さもなくば一匹の統一された個体に融合してしまう（前掲書、五一～五二ページ）。

また、ケストラーは、個体認識というものがいかに相対的なものであるかを次のように述べている（アーサー・ケストラー著、日高敏隆・長野敬共訳『機械の中の幽霊』ぺりかん双書I、一九六九年、第四章「不可分と可分」九五ページ）。

（アリ、ミツバチ、シロアリの）一匹一匹の社会性昆虫は、肉体的には別々の存在である。けれど彼らは、グループから切離されたら生きていかれない。彼らの存在は、全体としてのグループの利益に完全に支配されている。グループのメンバーはすべて同じ両親の子孫であり、交換可能で、人間にばかりでなく、おそらく昆虫自身からみても一匹一匹の区別はできない。彼らはたぶん、自分のグループ・メンバーをにおいによって認知してはいるが、個体の識別はしていないものと思われる。さらに、多くの社会性昆虫は、互いに分泌物を交換しあう。それによって、彼らの間には一種の化学的連帯が形成されるのである。

ふつう、個体というものは、不可分で自己完結的なユニットであって、それ自身の単独で独立な存在をもつものと定義される。しかし、このように絶対的意味における個体は、自然界、社会を問わず、どこにも見出すことはできない。ちょうど絶対的な意味での全体というものが、どこにも見出されないのと同じように。単独性と独立性のかわりに存在するものは、協同と相互依存である。これは肉体的な共生から、群れ、ハチの巣、魚群、鳥の群れ、獣の群れ、家族、社会という結合まであらゆる範囲のものを含んでいる。

個人は細分化される――インド

このような生物の世界における個体性の位置づけは、個人主義的常識からみると、一見、別世界のメカニズムのようにみえる。しかし、広く世界に目を向けて、さまざまな文化において発達した個人と社会に関する認識のあり方を考慮に入れると、生物学者たちの個体に関する考え方に論理的なつながりを見出すことができるのである。

たとえば、インドの人々の考え方によると、世界を構成する諸要素は無限の種に分かれる。カーストなどは、社会を種（出生・職業による属性）によって分けた一つの典型であるが、カーストにとどまらず、さまざまな属性によって種に細分化されてい く。個々人のレベルにまで細分化されるばかりでなく、さらに個人はそれを構成している諸要素によって細分化される。個人は決して不可分 indivisible ではなく、divisible であるという哲学に立っている。集団（あらゆるレベルで種によって分けられた）でも個人でも、その相互の関係は、それを構成している特定要素をお互いにとったりもらったりすることからなりたっている、とみるのである。

一体化の強調――日本

この、すべては無限に諸要素に分解しうるというインド的思考に対して、日本の社会学的思考では、反対に、個々人は合流、一体化しうる、という方向が強調されている。夫婦一体とか、「家」などという単位の強調、二人が力を合わせれば、二でなく三の力が出るとか、一丸となって事に当たるとか、すべて、個々人の合流を意味し、二人以上の個人の集まりは、一体として不可分の単位を構成しうるということができる。

この単位はもちろん現象的には特定数の人々からなっているが、構造的には不可分の単位ということができる。なぜならば、集団内の個々人の権利義務は規定されておらず、あるいはいちおう規定されていても、実際の運用において、それは往々にして無視されうるし、また、個々人はお互いに不可侵の場をもっていない。

このことは伝統的な財産共有体の家族のあり方を比較してみるとよくわかる。すなわちインドや中国では、財産共有体としての家族においては、男子成員あるいは兄弟は同等の権利をもち、財産に対してはそれぞれ均等の配分の権利をもっている。見方によっては、財産共有体というのは男子成員個々人の権利の集合体である。原則的に個人単位に分割可能な集団である。

ところが、日本の「家」の財産というものは、個々人の配分の集合という意味は全然なく、個々人と関係なく存在している単位である。その財産の維持・運営のために家長があたり、その後継者として息子の一人（長子が常であり、息子のない場合は養子または婿養子）があたる。そのために息子の一人が家を継承するということになる。分家したり、その家から独立していく兄弟・息子たちにとっては、どのような配分、あるいは手当てがなされるかは、家長の考えや他の家族員の意向、その他、その「家」のおかれた経済的・社会的条件によるのであって、それがどのような結果になろうとも、「家」はそのまま存続すべきものであり、その構成員、個々人を単位として分解しえないのである。その「家」から二、三男が出ていくということは、その「家」としては不必要な枝を切り落とし、排出された成員にとっては、ソトに別の単位を構成する（分家）か、既存の別の単位に合流する（他家の婿養子となる）ということであって、「家」（集団）は不分割の単位として存続するのである。

「家」でなくとも、日本のさまざまな集団は、こうして不必要となった成員を排除していくオートマティックな方法をもっている。たとえば、定年退職・のれん分けに象徴されるような成員の分離・独立といったシステムがそれである。また、極端な場合、村八分やそれとほぼ似たやり方で、集団の意向にそわない人々は集団強制に似た手段で、個人として何らの配分もなく排除される。これらは個々人を排除する方法であるが、ときには一つの集団内に派閥ができ、ついには集団が分裂したりする。以上のように、集団構成員の変化ならびに集団分裂は起こりうるのであるが、いずれも個々人に解体しうるという原則はみられない。

集団は理想的には不可分の単位であって、個人は集団成員でいるかぎり、個としての単位の認識はきわめて低調となる。こうなると、社会学的単位は集団の方にウェイトがおかれ、欧米の個人におかれるのと反対の考え方をもつのは当然である。また、反対論理的なつながりでみると、個人をも分割可能単位とみるインド人の考え方と、反対の方向が強調されているのであり、個人主義か集団主義かなどという単純な対照ではなく、社会学的個体認識をどのレベルにおくかという違いになってくるのである。

2　小集団所属

場を共有する小集団

日本人にとっての個体認識としての社会学的単位は、欧米人のように個人ではなく、たしかに集団であるが、無限定の集団ではない。それは、社会学の用語でいうプライマリー・グループ（第一義集団）とよばれるものに近い。すなわち、常に（ほとんど毎日）顔を合わせ、仕事や生活を共にする人々からなる小集団である。

そのプロトタイプは、すでに考察した「家」に求めることができる。とくに伝統的な農村における「家」はその典型的な例である。この「家」は仕事の単位であると同時に生活の単位である。農家のように家族員（とくに夫婦ならびに成人成員）が仕事の単位を形成しない他の多くの職業の場合は、毎日同じ職場で働く「仕事仲間」ということになる。この場合は、その構成員各人の家族（妻子たち）は構造分析の立場から考察の枠外におかれる。ちょうど農家の農作業に従事しない子供たちの位置づけになる。

ここで問題とするのは、家族と仕事仲間という対応ではなく、仕事仲間とよばれるような、一つの仕事を協力して遂行《すいこう》する集団である。それが家族成員であろうが、異なる家族からくる数人の男子（あるいは女子）であろうが、また、一つの家族の成員とそうでない者からできているものであろうが、問題ではないのである。農家の場合は一般に、それがたまたま家族成員であるというだけのことで、ここで問題となるのは、家族か非家族かというような家族論からの見方ではない。重要なことは、仕事の遂行において、いつも共にいる（すなわち協力関係にある）ということで、場の共有を媒介としている人々からなる小集団である。

小集団の構成

小集団という用語は、それ自体、内容・性格を規定しないので、必ずしも適切なものではないが、プライマリー・グループというと、すでに社会学で特定の意味に使われ、限定されすぎて、必ずしもここでいう意味と同じではないので使用したくないのである。ここでいう小集団とは、仕事の協力と場の共有という限定要因を付したものとして便宜的に使用する。

小集団といっても、その大きさは、農家や小規模の家族経営体にみられる、夫婦あるいは父子というような二人からなる小さなものから、二十人近くになる同一のオフィスで働く一つの課の人々とか、工場内の一つの職場などがある。同一の場の設定がたいへん大きい場合は、その中で、自然にセクションごとに、あるいは仕事内容によって、かたまりができ、その一つ一つが小集団を形成しているといった方がよく、必ずしもオフィスとか工場で仕切りのない場（物理的にできた）におかれた人々全部がそのまま小集団の成員となっているのではない。

また、物理的に特定の場で働くという条件をもたない小集団もある。たとえば、政党の派閥のように。派閥の事務所はあっても、その成員はいつもそこで活動しているのではない。また同一職場に属する運転手なども一日のうち大部分を別々の場で過している。反対に、数ヵ月も漁に出るといった一つの漁船の乗組員などは、小さく限定され、隔離された場で寝食を共にするわけで、物理的には最も小集団の現象をもつものであるが、帰港ともなれば、乗組員は自由に散在するし、次の漁には、必ずしも同一の全員が乗船するとはかぎらないから、小集団構成員全員の定着性となると、派閥などにはずっとおとるということになる。しかし、その構成の核となる部分は恒久性をもっている。

このように、小集団のあり方はさまざまであるが、構成員がお互いによく知りあった仲間に限定されるので、その大きさは二人から十数人が常で、大きい場合には、仕事の性質による制度的な区分によって小さく分かれたり、また、その中で自然に、気のあった仲間などのグループができるのが常である。

理想的サイズ

小集団の理想的なサイズは五～七人である。十数人以上になると、その中で多少の親疎の関係ができ、インフォーマルなサブ・グループができるのが常である。もちろん、小集団自体もインフォーマルな場合が少なくない。しかし、その特色は場を共有しているのが常で（少なくともコミュニケーションがたいへん密で）、仕事仲間という設定が圧倒的に多い。

五～七人というのは、その成員が遠慮なく自分の意見や感情を開陳でき、相互の協力が効果的に行なわれ、満足すべき意思決定のプロセスをもつことのできるサイズである。すなわち、いつでも集まって相談事ができ、ほんの些細な日常の出来事にも共感をもって反応できる数である。十数人ともなると、こうしたことは必ずしもできなくなる。因みに、全国どこの農村においても、機能の高い「クミ」とか「トナリ」とよばれるサブ・グループは、必ず数軒からなっている（十軒以上の場合は、サブ・グループに分かれているか、サブ・グループがオーバーラップして、協力内容によって五～六軒に限定されているのが常である）。

一方、小集団が二～三人というのは、小さすぎるのである。なぜならば、二～三人ではなかなか気分というか雰囲気が出てこないのである。インド人はパンチ、すなわち五人の意見は神の意見に等しいといって、五人の意味を高く評価するが、五人ともなると、さまざまな意見をもつことができるし、性格やパーソナリティにバリエーションが出て、にぎやかな雰囲気をもつことができ、またそれによって緊張をやわらげることができるのである。とくに、個人主義という文化をもたず、人見知りをしやすい日本人にとって、この雰囲気の存在は、人体の存在にとって空気が必要なように、必須のものと思われるのである。

日本人が個人として生き生きとし、緊張を感じないで社交を楽しみ、仕事をするという状態のときは、いつもこの小集団の中に（物理的とは限らず社会的に）いるときである。実際、多かれ少なかれ、各個人はなんらかのこうした小集団（あるいは擬似小集団）をもっているといえる。

それはちょうど山登りをしている人に対するベースキャンプのように、心理的安定を与えるのである。人々は朝から晩まで小集団の人たちだけと共にいるのではなく、仕事のうえでも、社会生活のうえでも、他の多くの人々と接触しているのがノーマルな状態である。どんなに小集団が個人の活動に心理的安定性を与えるといっても、それだけが孤立した状態におかれることは不健全である。実際、他の人々とノーマルな社会的接触に欠ける少人数の長期旅行や、登山隊・調査隊、あるいは外国における少人数の日本人コミュニティなどにおける不和・緊張をはらんだ人間関係は、経験者ならずともよく知られているところである。極端な場合には精神に障害を生ずる者や自殺者が出たりする。

さきに、二〜三人というのは小集団としても小さすぎるといったが、農家の場合は往々にしてそうであるが、農村においては、クミとかトナリをはじめ、農家をとりまく人間関係の密度がきわめて高いので、十分その小ささを補っているといえよう。

変動する関係

このように、特殊状況におかれないかぎり、小集団はいかにその凝集性・孤立性が高いものであっても、他と関係なく単独に存在しているものではない。小集団自体は他の小集団と集団としての関係をもっているし、小集団構成員個々人は、他の集団に散在する個々人となんらかの関係をもっているのが常である。この集団としての関係と、集団成員個々人のもつ関係は、レベルと性質を異にするものである。

前者はより制度化（慣習的な意味をふくめて）されたものであり、その関係は、小集団全員をインパーソナルな形で支配するものであるが、後者は個人によってさまざまな違いがあり、それが他の成員に必ずしも影響するものではない。

小集団成員の個人がその集団外の個人と結ぶ関係の種類は、学校友だちその他をふくむ友人関係、仕事を媒介として、あるいはなんらかの機会にできた知人関係、親類関係、隣人関係、趣味の仲間など、多岐にわたる。しかし、この種の関係は、個人の社会生活を豊かにするものであり、また仕事のうえでも役立つことが多いが、個別的な関係であるために、条件の変動によって影響を受けやすく、その依存度は相対的な条件にかかっている。事実、この種の関係は個人差がきわめて大きいし、個人の一生をとおしても、必ずしも同じようにつづくものではない。一時期には、この種の人間関係がたいへん重要な役割をもったりするが、人により、時により、その関係には濃淡があり、変化しうるものであるために、恒久的な社会組織の基盤にはなりえないものである。

註

しかし、個人によっては、その仕事の性質、ならびに、個人のもつ社会的背景により、小集団というものをもたない場合がある。この種の人々にとっては、このような個別的な関係はとくに重要な意味をもってくることはいうまでもない。たとえば師弟関係というタテのインフォーマルな組織とはまったく無縁で登場した作家のような場合（あるいは、たとえタテの関係はいちおうあってもそれがほとんど機能しないような立場にある場合）、特定の親しい編集者たちとの関係が何よりも重要なものとなり、そこに擬似小集団的世界ができる場合がある。しかし、これはあくまで、その作家の生産力と出版社側の必要性という相対的条件に依存しているものといえよう。また、出版社がある作家をまる抱えのようにした場合は、その作家と編集者からなる擬似小集団は、出版社という大集団に組織的に（もちろんインフォーマルな意味で）従属したものとみることができる。

さらに誤解のないようにつけ加えておきたいことは、ここでいう小集団所属とは、日本社会におけるすべての人が必ずなんらかの小集団に所属しているということではない。事実、小集団というものが自他ともに明確化されていない場合も少なくないし、制度的な枠とは別に、インフォーマルな小集団が形成されている場合もある。しかし、その一定の人々との関係は他の人々との関係と比較した場合に、明確な差があり、質的な違いがある。日本人が親友とか仲間といった場合、ほとんどがその特定の人々をさすといってよい。グループとして小集団所属が明確でない場合も、個人を中心として考えると、一定の小集団成員的役割を果たす人々がいる。また、前記のような擬似小集団的世界を形成していたりする。したがって、日本人の社会生活のあり方として、いかなる人の場合も、なんらかの小集団的世界をもっているのが常で、それが欠くことのできない重要性をもっている。そこで、これらの具体的なケースにみられるバリエーションを考慮にいれたうえで、本論では小集団所属が明確な場合を典型として論をすすめているのである。

個人参加ではない

小集団内部の人間関係に対して、小集団として（その全員をひとまとめにして）も つ、他の集団との関係は恒久的な性質をもっており、これが社会構造構築の基盤となっている。この集団と集団の関係は、並列する同類集団を結ぶものであったり、上位集団に統合される部分として小集団が位置づけられているものであったりする。いずれにしろ、ソトからみれば、小集団はより大きい集団の部分あるいは構成単位として位置づけられている。

小集団の個人は、これによって、そのより大きい集団の成員でもあるわけであるが

(事実、分野の違う人に対しては、自己の所属を小集団の名でいうよりは、大集団の名を用いるのが常である)、重要なことは、日本では、この大集団参加は常に小集団単位の参加であって個人参加ではないということである。いいかえれば、小集団の凝集性というか枠が強く、大集団に合流しても決してその枠がなくならないということである。

かたく閉ざされた家の枠

この日本社会のしくみは、次に述べるように、他の諸社会と比較した日本の農村生活のあり方によくあらわれている。

日本の農村では、生産・消費単位としての独立した家（すなわち、本論でいう小集団にあたる）が数戸集まって、共通の居住の場をもったり、その全成員が一つの家族成員の延長のような親密な日常生活の単位を構成していることは皆無に等しい。

他の村々との交渉が昔からきわめて少なかった山奥の孤立した村など、ソトからみるとたいへんその凝集性が強いようであるが、その村人たちのあいだのつきあいをつぶさにみると、お互いに家族の延長のような人間関係をもっているのではない。彼らは何世代にもわたって同一コミュニティを形成し、大部分の村人はそこに生まれ育った者であり、お互いに家庭の事情も性格もたいへんよく知ったあいだがらであるにもかかわらず、家の者とそうでない者とのあいだの行動様式には顕著な違いがみられるのである。日常的なあいさつ、会話のやりとり・内容にもそれがよくあらわれている。家のソトの人々に対しては、それが隣人であろうと、親類であろうと、飲み友だちであろうと、礼儀正しさと用心深さをともなっている。このような場を共通にした長い歴史をもった集団においてさえ、「家」（小集団）の枠はかたく閉ざされているのである。

このことは、実際の家々の配置にもよくあらわれている。日本農村の典型的なたたずまいとしては、各戸は独自の屋敷をもち、それに垣根をめぐらして、他の家々から切り離された生活の場を形成し、物理的にもこの小集団の単位の孤立性が強調されている。

日本以外では、このような農家の散在の仕方はむしろ例が少なく、多くの社会では、普通コンパウンドとよばれる垣根をめぐらした地区に、数軒がまとまって建てられていたり、一つの大きな建物を二軒以上で分有していたり、直接隣接する建物が両側に向かい合って建っていて、そのあいだの道がそこに居住する数家族の共通の社交の場となっていたりする。最後の例は、ちょうど江戸時代の下町の長屋風景に似たものであるが、北インドから西の地中海方面の国々では、そうした特殊の階層・地域だけでなく、貧富を問わず全国の農村にみられるスタンダードの設定なのである。

数戸からなるこの種のグループの家々の関係は、親たちが兄弟姉妹関係あるいは親子関係にあったり、友人関係であったりする。各家は生産・消費の単位であるのが常であるが、個人は家族の一員であると同時に、この大きい単位の一員として日常生活を送ることになる。実際、子供たちはほとんど家族による区別を意識しないほどである。各家族はこの集団に対して大きく開かれており、両親と子供からなる家族（各戸）の孤立性・凝集性は当然低調となる。

日本にもトナリ組的近隣集団がどのムラにもあるが、この集団はあくまで各戸単位の構成であり、どんなに機能が高くとも、各戸の孤立性を低くするものではない。むしろ各戸単位の責任の自覚が大きくなり、家単位の意識は弱くなるどころか強くなる。

恒久的な血縁集団

以上のように、各家の全員が参加する——家の上位集団として——より大きい集団が地域的にまとまってみられるほかに、地域的にはまとまらない特定集団に、各家の成員が成員権をもっている場合がある。その代表的なものは、父系制あるいは母系制など血縁の組織をもっている社会である。このような社会では、一戸を構成している家族員は、同時に、村落の内外に散在して別々の戸を構成している人々からなる父系（母系）血縁集団の成員でもある。多くの場合、エクソガミー（族外婚）のルールにより、夫婦はそれぞれ異なる血縁集団の構成員である（子供は父系制では父の、母系制では母の、属する集団の成員である）。このような恒久的な血縁集団の存在により、各戸を構成する家族員は同時に、異なる集団（家族のような小集団より大きな集団）の成員でもあるわけで、このことが、家族集団の閉鎖性を破る作用をもつのである。

これは日本の家族成員が、他の家族に血縁・婚姻関係でつながっているというのとは異なるものである。成員規定が明確な組織で、個人の不和あるいは死亡などで簡単に関係がうすくなったり弱くなったりするのとは違って、恒久的な集団として存在しているのである。さらに、日本の同族などとも違うことは、個人が直接その成員となる、個人単位によって構成される集団で、本家と分家の集合というように、家単位の集団ではないのである。日本にみられるような同族集団では、家の閉鎖性は少しも破られないのである。

一戸から一人

「家」や「同族」の上位集団として、伝統的にその孤立性を特色としてきた日本の村落についてみても、それはよくあらわれている。村落はその村落に住む個々人によって構成されているのではなく、家々によって構成されている、というのが日本人の考え方である。事実、そのような構成になっている。

村の寄合いには、一戸から一人が出席するのが原則であるが、この一戸一人という方法は、あらゆる村の運営にあらわれている。これは日本人にとってはきわめて当然のことであるが、社会によっては、村の集会には成人男子すべてが出席することが原則となっている場合もある。この方法には、村落の構成というものが、家を単位としているよりも個人を単位としていることが反映しているのである。各家から一人というのは、個々人は「家」という集団の単位をとおして村落集団に参加しているということ、社会学的思考をよくあらわしているのである。

この「家」に顕著にあらわれた小集団のあり方は、仕事仲間の存在形態にも共通している。たとえば、一つの工場で働いている仕事仲間のうち、旋盤工とか電気工などは、それぞれの職種によって、他の会社の工場で働いている同じ職種の者たちからなる集団（組合）に参加しているというのではなく、仕事仲間はそのままの単位で、同じ会社の他の諸単位とともに組合を形成するのである。この上位集団への参加は単組としての参加であって、個人としての直接参加ではない。

この村落や組合のシステムに典型的にあらわれているように、日本社会における集団への個人参加は、常に小集団の場合に限定され、後者をとおしてのみ、個人は大集団に参加していることが指摘できるのである。集団によっては、個人の大集団への直接参加の形態がみられるものもあるが、そのような集団は、個人の生活にとってあまり重要な意味をもたないもの（たとえば同好会的なものとか趣味の会のように）が多い。このような大集団の場合も、その核には小集団ができていて、あとは一般参加者とか一般会員などとよばれるもので、大集団を構成する全員が同じように積極的に参加し、発言権をもっているのではない。日本社会には、個人が同等の資格で直接参加する機能の高い大集団は存在しないといえるのである。

悲劇的な「仲間はずれ」

そこで、個人はなんらかの小集団に所属しない限り、市民権がえられないということになる。小集団の成員権というものが、一定の資格とかルールによって与えられるものではなく、長期間にわたって醸成された仲間意識を基盤としているために、新米として加入することは容易でも、いったん、同様な小集団に入ってしまった者は、よそに移ることがむずかしくなる。いずれの小集団も強い封鎖性をもっているために、途中から出ることも入ることも容易ではない。したがって、日本人にとって一番きびしい制裁は「仲間はずれ」である。仲間はずれにされることを恐れるのは子供たちばかりでなく、大人の世界も同様である。

この仲間はある場を契機としてできるので、個人が特定個人を選択して友人とするといった一対一の関係とは違う。個人は二人以上の人々と同時に近い関係を結ぶことになる。したがって、小集団の成員はみな好きな人たちとは限らない。とにかく仲よくやっていかなければならない人たちで、個人の好みは抑制されたり、また、長いあいだに友情が形成されたりする。とにかく、仲間はずれになるようなことになったら、悲劇的なことになるし、また仲間の誰でも仲間はずれにするなどということは、できるだけさけなければならない。こうした場においては、生きるための知恵のようなものが発達する。

セクションごとの孤立性

日本における機能の高い大集団は、必ずいくつかの小集団を基盤としており、それらがその上位のレベルでいくつかにグルーピングされ、その単位がさらにより上位のレベルでいくつかにグルーピングされ、最終的には頂点の長（リーダー）を要《かなめ》としてできる小集団に統合されるという構造をもっている。より大きい集団ほど、レベルの数が多いのは当然である。

どの社会においても、大きな組織となれば、必ず、小集団から大集団へといくつかのレベルで組織されているわけであるが（たとえば官庁や企業のように）、日本の場合、個々人の小集団帰属意識がことのほか強いために、たんなる組織上の配置ということにとどまらず、仲間意識をもった集団として高い機能をもってしまう。このためにセクションごとの孤立性が高くなり、同一組織の中でもセクショナリズムが非常に強く出てくるのである。このセクショナリズム、すなわち小集団帰属意識こそ、日本社会の動きを特色づけるあらゆる分野における競争意識の温床となっているものである。

集団間のルール

小集団の上位集団への統合は、制度的というか、慣習的な約束によって行なわれる。つまり、大集団内のルールは集団単位のもので、個人の小集団への統合のあり方とは質を異にするものである。小集団内の人間関係はルールというよりも、条件、個々人の相対的な関係によって規定され、個々人を直接しばるものであるが、大集団内の集団関係には、条件によって容易に動かない制度的ともいえる慣習化されたルールが作用している。そしてこれは個々人には間接的にしか働かない性質のものである。

集団間の特筆すべきルールは、各レベルにおける上下関係を守ること、そして各集団の既得権を相互に侵さないことである。

日本の小集団は欧米の個人に比敵されることを「個体認識」のところで述べたが、構造的観点からみても、日本の小集団は欧米の個人と同じような性質をもっている。つまり、欧米の個人に比敵される。欧米の人々が個人（個としての単位）の尊厳を保つために、抵抗を示すと同じように、日本の小集団はそれを部分とするその上位集団や隣接集団に対して、単位の独立性を強く主張し、抵抗を示すのが常である。これは、小集団において個人がその部分として統合されることに抵抗をあまり示さないことを想起すると興味深い。

3　類別集団における個人と集団

派閥・系列の発生

日本社会において、個人は必ず小集団をとおして大集団に参加している。いいかえれば、大集団は常に小集団の集積から構成されている。ということは、小集団の全構成員は、常に同一の大集団に統合されていくということで、同一小集団の構成員が別々の大集団の成員でありうるような構造にはなっていない。たとえば、前節でふれた父系（母系）血縁集団への家族成員の所属のように、夫（妻）と子供たちはXグループに属し、その配偶者はYグループに属しているという具合に。

この種のグループは、個々人のもつ属性にもとづいて成員権があたえられるのであって、あくまで個々人の集合としてできる集団である。すなわち、同類よりなる集団で、ここでは便宜的に「類別集団」とよぶ。

父系制や母系制のように、同一の血縁につながるというのも一つの属性であるが、それは専門の職業でもよいし、主義を指標としたものであってもよい。たとえば、かつてのギルド、今日のプロフェッショナル・グループや組合である。また政党や宗教集団などもその代表的なものといえよう。

この種の集団は、あくまで、個人の属性にもとづいて集団成員権が与えられているのであるから、個人単位の加入であり、個人の参加の時期や仕事場に関係なく、同一の資格が何よりも優先され、同列に立つことが原則となる。

日本においては、このような大集団はいちおうあるが、必ず内部が小集団（派閥とか系列など）に分かれている。実際、個人がこうした大集団に参加するのも小集団単位になりやすい。たとえ、個人で参加したとしても、他の多くの成員が小集団（あるいは同一系列につながる小集団の集合）をとおしたグループを形成しているので、実際の集団活動において疎外されやすい。

このように、日本では類別集団といっても、内部が系列集団に分かれているのが常で、やはり、個人はそれぞれの小集団をとおしての参加という形になりやすい。機能の高い大きい集団であるほど、その傾向は強くなるのである。このために大集団自体の機能は当然弱く、常に内部分裂の可能性を構造的に内包している。同一職業集団がよく分裂して、いくつかの集団に分かれている現象は枚挙にいとまがないほどで、むしろ、日本社会においては、それが常態であるといってよいほどである。実際に別々の集団を形成していなくとも、同一名称の大集団がいくつかの派閥や系列に分かれていることは、日本人にとっては常識であるといえよう。

他の社会の類別集団にみられるように、個人単位の参加であれば、分裂、派閥闘争はないとはいえないが、少なくともそうした現象を構造的に内包するものではない。したがって、内部分裂とか派閥闘争は一時的な現象として起こっても、日本のように恒久的に構造化しているのとはたいへん異なるのである。派閥（faction）という用語が同じように使われているが、他の社会の場合（洋の東西を問わず）はたいへん流動的なもので、日本とは構造的な違いがみられるのである。

リーダーシップの差

この内部構造の違いは、大集団維持の方法、活動のあり方にも大きくあらわれている。個人参加による類別集団の維持を可能にするものは、成員の一体感などというものではなく、集団のルールに個々の成員が忠実であるということである。

実際、お互いに知り合った小集団の少人数の成員と異なり、多数の同一資格者の成員が集団を構成する場合には、もはや、なれ合いとか相互の順応などということでは、用が足りないことはいうまでもない。

こうした集団の統合・運営には、成員全体からなんらかの方法でえらばれた、一般成員とは明確にステータス・役割の異なるリーダーとか役員・幹部にあたる人々が全員に対して責任をもって事に当たる。この責任者は集団の一般成員から明確に区別され、同時に全成員に対して等距離にたつ。このことが、大集団の統合、リーダーシップ発揮に大いに役立つのである。

内部が集団ごとに系列化されているような日本的構成をもつ大集団の場合は、リーダーはその中の優勢集団から出るのが常である。このために、大集団の責任者は全成員に等距離にたちえない。彼自身の集団の長（あるいは長老の一人）としての責任の地位もあり、大集団に包含されている他の集団の成員たちに対しては、前者と異なる関係にたつのは当然である。一方、大集団の長や幹部級の人を出さない集団の成員は、外様《とざま》的位置にたつわけで、大集団の長に対しては自分たちの集団のリーダーへの対応とは違ってくる。リーダーの側からも、全体成員に対してリーダーシップが自己の集団成員の場合のようには発揮できないということになる。この意味でも大集団自体の機能は当然弱くなる。

大集団全体に対して、強いリーダーシップを発揮しにくいというもうひとつの理由は、そのリーダーが大集団の長にありながら、自己の集団成員の制約を強く受けざるをえないということにある。いずこの社会においても、小集団においては、リーダーは他の成員に制約され、強いリーダーシップを発揮することは容易ではない。他の成員と社会的距離が近すぎ、情緒的な結びつきが濃厚になるためである。

ルールの重み

日本的小集団と他の社会にみられる類別集団におけるリーダーと一般成員の関係は、ちょうど日本の伝統芸能の演奏と、オーケストラの演奏における形式の違いのようなものである。前者においては、同じ場で出演している仲間の中の誰か（リーダー格の）を中心にして、あるいは、そのリードによって、全体が演奏されるが、後者においては、指揮者をもってはじめて演奏が可能となる。前者のやり方は、少人数であることと、それから当然帰結するバラエティの少なさということを前提として、はじめて可能になるが、後者の場合のように人数も圧倒的に大きく、楽器の種類も多くなってくると、とても前者のようにはできない。コンダクターが必要とされるのは当然である。

こうなると、集団成員は指揮者に従っていればよいのであって、成員相互あるいは成員の誰かに合わせるという気遣いは不用となってくる。とにかく、集団成員個々人の如何《いかん》とは関係のないルールに個々の集団成員は従うということである。

こうした集団では村八分ということはないが、ルール違反にはきびしく、それによって集団成員権の剝奪《はくだつ》も当然起こりうる。

「なんだってオレだけが――」の論理

日本社会の場合にも、もちろん、この種のスケールの集団――小集団より上位の――におけるルールはあるが、構造的に個人は小集団をとおして参加をしているので、小集団の枠が防波堤となって、そのルールが直接個人の出退を規制しえないメカニズムとなっている。したがって、個人が小集団の成員として許容されている限り、上位集団成員としてのルールを犯したとしても、それによってその特定個人が制裁を受けるということはきわめて少ない。このことは、一方、大集団のルールを成員に貫徹することを困難にしているともいえよう。大集団のリーダーが苦労するゆえんである。

因みに、日本ではオーケストラの成員をまとめていくのがたいへん困難なことであるときく。大集団をまとめる側からすれば、ときとして構成員のわがままな行動や感情が全体の統合をはばむためであろう。それというのも、各人は小集団に対してしか責任の自覚がないためである。

大集団の成員がそのルールに違反したことや、一般道徳にもとるような行ないが指摘され、その成員権を剝奪されたり、剝奪されそうになるケースがときとして出るのは、その行動自体が集団成員によって問題になったためではなく、その大集団の部分を構成している小集団の成員として、不適格性の高い場合、つまり村八分になりかかっているような場合、それが起爆剤として使われることによるものというのが通例である。さもなければ、不運にして、小集団がその個人のルール違反の事実を、防御しきれなかったときである。

したがって、ルール違反で世間から弾劾《だんがい》された人が常にもらすのは、「なんだってオレだけがこんな目にあわなければならないのだろう。みんなやっているのに」ということである。

破戒僧への制裁

因みに、日本仏教史上、戒律を犯した僧侶が、その理由で僧籍を剝奪されることはほとんどなかった。これは仏教僧侶集団として特異なことである。

タイ、ビルマなど、日常行動における戒律のきびしい小乗仏教の僧団はいうにおよばず、チベット、中国、韓国などの僧団では、戒律を犯した僧は、その場で僧衣をぬぎ、還俗《げんぞく》するのが常であった。つまり、宗派を問わず、寺を問わず、僧侶集団（プロ集団）としてのきびしいルールが成員個人を規制しているのである。

日本の僧侶にあっては、籍をおく寺のしきたりに従うことは、何よりも要求されるものであるが、仏教僧としてのより大きな集団の戒律を守るということは第二義的になっているのである。破戒に対する制裁も、僧侶集団自体のルールによってではなく、寺社奉行によってなされたという。

註

この点、同僚の仏教史学の鎌田茂雄教授にただしたところ、中国においては、教団として自己規律の機能が生かされていたが、宗教に対する政治の力が強く、唐末から特に破戒については、俗官が僧侶をとりしまる役をもったとのことである。そして、日本の場合は中国の影響を受けて、奈良・平安時代は僧尼令《そうにれい》というもので規制されていたが、主として江戸時代から寺社奉行の所管となったとのことである。

また同教授によると、日本には「日本仏教」というものはなく、宗派仏教しかないとのことで、この点も本論で考察している集団構造をよくあらわしている。

あくまでも小集団帰属

以上、考察したように、個人の集団所属において、日本人の場合は第一義集団、すなわち常に小集団であって、大集団への所属はその集団をとおしてなされる性質のものであるから、個人にとっては第二義的な意味しかもたない。いいかえれば、第一義集団より大きな集団へ、個人が直接所属することにはならないのである。大集団への参加はあくまで制度的なもので、個人参加ではないといえよう。したがって、個人に対する集団の制約というものは常に小集団のものであり、それはきわめてパーソナルな要素の強いもので、インパーソナルなルールによる制約からは比較的自由な立場にあるといえよう。

これに対して、欧米人・インド人・中国人などの場合は、大集団は小集団にまさるともおとらず機能が高いといえよう。場合によっては、小集団より大集団の成員権の方が、重要でまた恒久的なものとなっていたりする。仕事場（生活の場）における人々のモビリティが高い社会では、当然その方が機能が高いわけでもある。大集団の個人参加による成員権が重要な機能をもっている場合は、個人は必ず仕事場（生活の場）における集団の所属と大集団の所属との性質の異なる二つの集団所属をもつことになる。これに対して、小集団にしか個人所属をもたない日本人の場合は、一つということである。すなわち、大集団は小集団の延長である。

二つ以上の所属集団を個人がもっている場合の重要な点は、その二つ以上のものが、同質のもの（たとえば、すでに考察した家族とコンパウンド・グループの関係、また家と村落の関係）のみならず、異質のものをもっているということである。たとえば、家とか村落のように、場を共通とする集団の成員であると同時に、特定カーストの成員であるとか、特定工場従業員であると同時に、特定の職種組合の一員であるというように。この場と類による二種類の集団は、個人の一生の生活にとって、ともに欠くことのできないものとなっている。

限られた「二つの顔」

これに対して、日本の農民やサラリーマンの場合は、所属が単一である。日本社会において、しいて二種類の所属をもっている人たちを探してみると、何世代にもわたって住民のコミュニティが形成・維持されている下町の商店や開業医、寺の住職などである。彼らは生業の本拠である居住地の町や村の重要な一員であると同時に、別の町や村に散在している同業集団の一員でもあり、同業者との密接な関係は欠かすことのできないものである。

ある村の住職と話をしていたら、「我々は二つのまったく異なる世界に身をおいており、二つの顔をもっているようなものです」といったが、カースト社会の人々は、全員がそうした社会的な位置づけにあるわけで、日本社会においても、このような職業の人々は多かれ少なかれ、類別の大集団の成員権をもつのがシステムとなっている社会の人々の生活感覚と近いものである。

このような立場にある人々は、農民やサラリーマンたちより複雑な社会的位置づけにあり、社会生活において当然情報量が豊かであるが、それでも他の社会の同業集団の成員とくらべると、やはりその世界はせまいといわざるをえない。というのは、すでに考察したように、彼らの同業集団への所属のあり方が、いわゆる大集団への直接所属でなく、小集団所属であるからである。

商店の場合ならば、のれん分けをしてもらった商店に結びつき、そのもとの商店を軸として形成される小集団に属している。医師の場合も同様な構造で、師事した先生とか、インターンをした病院といったものを軸として形成される小集団であるし、寺の場合も、その寺の初代住職の師にあたる人のいた寺を中心とした、本・分家的なタテのつながりによってできている小集団に属しているのであり、そのような小集団の総和としての大きな同業集団ができているのであって、各個人が大集団に直接属しているのではない。

したがって、二種の集団所属をもつといえども、いずれにおいても、個人は小集団所属という限界性をもつのである。

4　ネットワークと個人

タテのネットワーク

医者や僧侶の場合でもよくわかるように、類別集団の成員は、自分の仲間（類別集団員）以外の人々を対象として仕事をするわけであるから、同一集団に所属している成員は、地理的にも社会的にも広範囲に散在しているのが常である。

しかし、その日常活動をつつがなく遂行するためには、常に職業上の相互連絡を必要としている。したがって、各々が分散して仕事をし居住していても、彼らのあいだでのコミュニケーションは驚くほど活発に行なわれている。すなわち、彼らは常に機能の高いネットワークによってささえられているのである。

日本の場合は、前に指摘したように、そのネットワークの主要部分はタテ関係にもとづいており、限定されがちであるが、タテ関係に依存せず、個人が直接類別集団に参加している場合は、個人と個人を結ぶネットワークのありようは、もっと複雑で、またより広範に及ぶものである。個人の安定した社会生活や活発な活動は、一《いっ》に、より機能の高い、より豊かなネットワークをもっているかにかかっているのである。日本社会では、タテのネットワークが、各人に社会的安定性を与え、必要とする情報を流してくる。集団成員としてつつがなく過してさえいれば、情報はほとんどオートマティックに供給されるといえるほどである。情報の受け方も、個人というよりは小集団単位である。

限定されたネットワークの範囲

小集団の中では、あらゆる些細な情報までよく伝達される。お互いにそれは伝達する義務があるかのようで、もし、ある成員がその当然のつとめを怠ったような場合は、「なぜ知らせてくれなかったか」という非難を受けることになり、また、知らされなかった人は「のけ者にされた」といってたいへん立腹する。これは、その情報が特定個人にとってとくに関係がなかったり、必要と思われないようなもの、また、とるに足りないような些細なものであっても、問題になりうるのである。それは、小集団の成員としては、常に同様にあらゆる情報に通じているということが当然のこととされ、また、そのこと自体が小集団の意味ならびに活動を高揚することになるからである。したがって、仲間はずれにされるということは、すべての情報が入ってこなくなることで、この意味でも、日本人にとって、小集団所属がいかに意味をもつかがわかるのである。

各人が個人を中心としたネットワークをもち、それによって情報を得ているようなシステムであれば、日本的な小集団所属の存否はあまり大きな意味をもたない。小集団成員間ならびにタテの線を伝わっての小集団への情報の流れ方というものは、個人と個人を結ぶネットワークにおける情報の流れ方とは、いささか質を異にしている。

ネットワークという概念は、社会学的には、本来、個人と個人を結ぶもので、ネットワークの網の目は個人であって、集団ではない。この意味で、小集団の機能がたいへん高く、タテ関係が優先されている日本人にとっては、ネットワークの機能ならびに範囲はきわめて限定されているといえよう。このことは、日本人の集団所属が単一的である（実際にはいくつかもっていても、常にその一つが優先されるから、構造的には単一ということができる）という構造的な制約によるものである。以下に述べる、そうでないあり方と比較すると、それがよくわかるのである。

中国人的ネットワーク

中国人がその社会生活において、さまざまなネットワークを活用していることは、よく知られているところである。かつての中国における「行」、つまりギルドのネットワークは、日本のそれの比ではなかったし、父系血縁原理による宗族成員、同郷の人々をはじめ、さまざまなアソシエーションがあるが、個人は種類の異なるいくつかの類別集団に同時に属している。そのいずれもが個人の必要に応じて、時と場合によって高い機能をもつわけで、個人は集団所属において、そのいずれかを常に優先するといった日本的集団所属のあり方ではない。各々の集団は、その性質・目的により機能をもつわけで、日本的集団のように多目的で、個人のさまざまな要求を満たすといった性格をもつものではない。したがって、個人は常にいくつかの集団所属を必要とする。すなわち、個人はいくつかの大集団への個人参加によって、豊富で複雑なネットワークの中に位置している。

このような集団所属のあり方は、必然的に個人単位にならざるをえないものである。個人の主体性なしには、このシステムは機能しない。ネットワークとは点と点を結ぶのであって、いくつかの点をくくるのではない。

個人参加による類別集団の存在は、その成員各人に正当なネットワークを保証するものであり、常に必要とあれば、各人は相手がその成員であれば、誰とでも相互に信頼できるネットワークを発動させることができる。このような類別集団における個々人を結ぶネットワークのあり方は、さらに個人にその集団以外の人々とネットワークをもつことを容易にしている。なぜならば、このような個人と集団の関係は、個人に高い自主性を与えるからである。これは小集団という枠内に安住できる日本人のあり方とはたいへん異なっているもので、いわゆる甘えの許されない世界を形成する。

「甘え」と「信頼」

いつか中国人の社会学者から、日本人の「甘え」について説明を求められたことがあったが、彼を納得させる説明をすることは容易ではなかった。ずいぶん話し合ったあとで、彼は、「それでは、あの赤ん坊のときの気持ですね」といって、自分自身を納得させていた。中国とは歴史的にも文化的にも密接な関係にあるし、また儒教的道徳の強い影響を受けながらも、それを受容した母体としての社会のあり方は、まったく異なっているのである。

中国人には、社会的な人間関係において、日本人にみられる「甘え」がないかわりに、個人の主体性を基盤とした、朋友関係がある。相手がいかなる集団に属していようとも、個人対個人の信頼関係が何よりも重視される。甘えとは小集団的雰囲気を前提とした人間関係の行動様式であり、それは個人と個人の対応関係というよりは、自己中心的な行動様式で、朋友間の信頼関係とは質の異なるものである。しかし、甘えが許されうる範囲というのは、必ずしも明確ではない（後に述べるように、小集団的場は拡大されうるし、一時的に条件がととのえば設けうるものである）から、友人とそうでない者（たとえば仕事仲間）とのあいだが、中国人や西洋人の場合のように明確ではない。日本人をよく知っている外国人が「日本人とは我々のいう意味での友人関係をはたしてもつことができるのだろうか、親しい関係にある人たちはいるのだが」という疑問をよくもつのは、このためであると思われる。日本人にとって友人とは、相互に甘えを許しうる関係といえるかもしれない。

日本人に対する違和感

このように、日本人の場合は、個人対個人の関係の質においては、明確に規定しがたい面をもっているが、個人の集団所属となるとたいへん明確で、個人はその所属集団をなんらかの形で反映させているので（それは個人の質を物語る一つの要素であるとさえ信じられているほど）、個人の社会的位置づけ、ならびに反応の仕方まで容易に予測したり、理解することができる。また、自らそうした社会的背景（会社名とか出身校名など）を相手がききもしないのに知らせたがる人々が、日本社会にはなんと多いことか。そしてほんの少し話をしただけでも、だいたいその人の考え方とか、関心のあり方――その人の所属集団をよくあらわしている――は理解できるのが常である。

これに対し、いくつかの集団に属し、さまざまな人間関係のネットワークをもっている人々（中国人などその最もよい例であるが）の場合、パーソナリティも当然複雑になっているし、社会関係も単一でないので、その人の正体を知るということは容易ではない。

これは、西欧対日本でよくいわれるように、個人が強いとか弱いという表現や、個人主義対集団主義といった考え方とは別に、社会学的位置づけからくる、個人の単純性と複雑性といった問題である。社会的に複雑な要素が個人の中に統合されているのであるから、個人は全面的に容易に他人と合流できないし、それゆえに独自の立場をもちうるということになる。このような個人のもつ、もろもろの対人関係・集団所属は、その一つ一つが異なる目的・性質をもつ。したがって、そのどれをとっても、日本人の小集団所属のように、一つの関係（集団所属）は個人にとって、全面的あるいは多目的にはなりえないのである。この対人関係・集団所属のシステムの違いは、中国人にとって、日本人との出会いにおいて大きな違和感となってあらわれる。

シンガポールの日本人経営の工場につとめる中国系の従業員は、日本的なウチの者といった取扱いに違和感をもつ。彼らにしてみれば、あくまで従業員としてその能力を買ってくれ、俸給のより多いことを望んでいるにすぎない。家族や友人関係は会社のソトにあるのであって、その関係と混同するようなことはやめてほしいというわけである。

また、日本に留学した中国系の学生は、下宿先で、女主人から「私をお母さんと思って家族のようにつきあって下さいね」といわれて閉口する。家族でもない人を家族と思うなどとはまったく無理だし、個人の自主性をも侵しそうな、この小集団的人間関係の押し売りに辟易《へきえき》してしまうのである。

家族関係の位置づけ

このように、中国人（その他の多くの社会の人々がそうであるが）にとっては、家族成員との関係は、他の関係とは質が異なり、決して容易に代替できないものである。それと表裏の関係にあるものと考えられるが、これらの社会においては、多目的というか、多機能というか、個人の甘えを許すような日本的小集団といったものは、仕事の場に形成されにくい。それゆえにこそ、また家族成員としての機能がきわめて重要な社会性をもって認識されるものといえよう。

実際、中国人やインド人にとって、家族（日本の場合よりその範囲が大きく、それは一定の血縁関係の範囲にある人たちともいえるが）がいかに重要なものであるか驚くほどである。それは個人の全生活の中で大きな位置を占めており、どんなに親しくても他人によっては代えられない性質をもつものである。

これに対して、日本では、後にも述べるように、小集団が家族的な役割を担いうるためであろう、個人にとっての家族の役割は社会的に軽視されがちである。中国人やインド人ほどではなくとも、家族（とくに夫婦）は常にともにあるべきであるという欧米の人々と比較しても、日本人の家族に対する社会的認識は低調である。

このことは日常生活のあり方にもよくあらわれているが、とくにそれが端的にクローズ・アップされるのは、単身の外国赴任者への国内諸機関の対処のあり方である。官庁・会社を問わず、日本は制度的に赴任者の家族に対する配慮がきわめて貧しいことが指摘できる。

ソ連などもふくめて、欧米諸国の単身駐在員たちには、配偶者はもとより、子供をふくめて家族全員が年に二〜三回は赴任地あるいは故国で共に過せるような制度になっている。日本人の場合は、何の娯楽もない発展途上国のそれも都市から遠い所で働いている人でさえ、一時帰国も、家族をよぶ機会もなく、二〜三年間も単身赴任という例は少なくない。個々のケースにおいて、経済的に余裕がないなどということがいわれたりするが、今日の日本の経済力からみて、それはとても理由にならない。諸外国の場合であったら、家族をよんだり、一時帰国をさせる費用が出ないようなことであったら、もともと派遣しなかったであろうということになる。生活費と同じように、それは個人にとって必要経費と考えられるのである。

実際、こうした単身赴任者たちは、任地で日本人がいれば、必ず小集団をつくり、何とかお互いに慰め合い、また甘えの許されうる世界をつくるのが常であるから、外国人の場合より、いくらかよいかもしれない。しかし、こうした外国の赴任地では、日本の社会的常識（小集団的世界に棲息していることから形成される）が赴任者を酷な立場に追いやっていることは確かである。彼らのほとんどは、各人の本当の所属小集団からも離れてしまっているのであるから。また、それゆえにこそ、彼らのホームシックの心情は、外国人たちの故国に残した家族へのそれをはるかに上まわるものがあるのである。

本論の分析からみて、ここで重要なことは、日本人の家族に対する愛着の有無（これは社会・民族によって異なるなどといえるものではない）ではなくて、家族と仕事仲間の関係がともすると類似の機能をもってしまいがちな点である。このために家族の特異性が強調されることがなくなってしまうのである。これは日本人にとって、友人と同僚の区別が不分明になることにも通じている（五八、七九〜八〇ページ参照）。

したがって、異なる関係であるべきものが意識のうえで合流してしまいやすい。これが関係設定を単純化しやすく、ネットワークよりも一つの集団帰属という形を結果しやすい傾向を生んでいるのである。

東南アジアにみられるネットワーク

東南アジア諸社会の組織・人間関係の理解は、ネットワークという概念なしにはほとんど不可能ではないかと思われるほど、これら諸社会においては、個々人を結ぶネットワークの機能は大きな意味をもっている。とくにフィリピン、インドネシアなどを対象とした最近の社会人類学の研究報告には、このことが十分うかがえるし、また、実際にこれらの国々の人々の生活のリズム、人間関係には、それが顕在化していて、中国やインド、さらに日本の社会組織との比較のうえで、興味ある対照をなしている。

すなわち、東南アジア諸社会には、日本的な小集団の存在も、また中国・インド・西欧などに顕著にみられる個人参加による類別集団の存在もほとんどみられない。いかなる意味でも、排他的な機能集団というものが伝統的にみられないのである。そこにみられるのは、個人と個人を結ぶネットワークの累積・連続を基盤とした人間関係の総和である。

したがって、ある個人を中心にしてみると、その関係はどこまでつづいているのか、どの方向に結びついているのかさえ判定しにくい。

たとえば、ある個人が二十人の人々と関係をもっているとすると、その二十人の各人がまた何人かとの関係をもっているわけで、そうした個々人を起点としたネットワークが網の目のようにはられているわけである。もちろん、いずこの社会においても、ネットワークは存在しうるのであるが、東南アジア諸社会では、明確な恒久的な集団というものがないために、人々は全面的にこうしたネットワークに依存しなければならない、というところに、全体社会のシステムとしてネットワークが注目されるのである。他の社会における集団の役割までもこのネットワークが担っているということができるのである。また逆に、これらの社会において、集団が形成されにくいのは、個々人があまりにも複雑なネットワークにつながっているからである、とみることもできるのである。

脆弱ながら安定

個々の個人対個人の関係は、血縁・婚姻関係はいうに及ばず、仕事の関係、友人・知人関係など、さまざまな種類・契機によって形成される。この関係は、特定の二人の相対的な条件（好悪・必要性・義務感など）ならびに、各個人のもつさまざまな関係との相対的な位置づけのうえにたっているものであるから、その機能の強弱・持久性も一様ではない。このように、現実の個々人の相対的条件に相当左右されるものであるから、可変性・流動性は相当高いものである。

しかし、全体としてみると、全部分が流動的なのではなく、相当高い安定性を保っている部分もあり、また、ネットワークが特定部分に集中してみられるのが常である。ある特定個人を中心にして、比較的長期にわたってネットワークが異常に集中している状態は、集団のごとき様相を呈し、実際、その特定個人をリーダーとして集団の機能をもったりする。しかし、ネットワークの性質上、構造的にはソトに開かれている。すなわち、その辺境部にあっては、境界が明確に設定されないのである。

一方、この種の集団の内部は、すべて二者関係で結ばれているため、全体として、その人々を永続的に集団成員としてとどめておくことはむずかしい。集団としてはきわめて脆弱《ぜいじゃく》な組織といわざるをえない。しかし、この性質から同時に、大きな分裂とか、全体を瓦解させるような状況には決してなりえないから、この意味で安定性をもった社会組織であるといえよう。しかし、相当強力なリーダーが出ない限り、人々をある目的のために動員させることは困難である。

すべては個人プレー

このようなネットワークに依存した社会生活を送る人々が、不特定多数ともよびうる人々との人間関係をいかにたいせつにしているかは驚くほどである。そして、ネットワークの基盤となる直接につながる二人の個人と個人の関係は相互的であるが、タテの関係も少なくない。恩恵に対するサービスといったかたちで。しかし、これは日本のタテ（親分・子分）関係のような長期的関係を前提にしているのではなく、もっと短期的・現実的な関係で結ばれている。さらに日本の親分とその子分たちは、それ自体小集団を形成するが、東南アジアにみられるのは、あくまで一対一の個人と個人の関係であり、集団の枠などという認識はない。したがって、すべては個人プレーで物事が運ばれる。それゆえにこそ、いったん設定された関係を切るということも容易である。

この意味で、タイ、インドネシア、マレーシア、フィリピンの人たちは、日本人とくらべて、ずっと個人に主体性があり、日本的集団規制などということからは自由である。しかし、多くの人々と、機能の高い人間関係を維持していくということは容易なことではない。一方を立てれば他方が立たないということは常にあるわけで、それらをうまく調整していかなければならない。そのために受ける個人の制約は、相当大きいといわざるをえない。このようなことは、日本社会でも部分的現象としてはみられる。

排他性をもつ地域社会のネットワーク

たとえば、集団の長として広範な活動範囲（人間関係）をもっている人や、特定事件の渦中にある人などが経験するところであるが、東南アジアでは、社会のあらゆるレベルにある人々すべてが、日常の社会生活において、そうした立場に立たされているといえよう。

また、ネットワークの機能の高い社会の人々のあり方は、次のような社会環境におかれている日本人の生活感覚にも比敵できる。たとえば、血縁・婚姻関係が錯綜している近接のいくつかのムラからなる地域社会や、町人の伝統が強く、ソトからの人口移動が比較的少ない東京の下町とか、京都・大阪の町を構成する伝統的な地域社会に生活する人々である。こうした特定の地域社会では、さまざまな人間関係が錯綜して密度の高い社会生活が形成されており、個人はそのさまざまな関係をうまく調整しながら社会生活を行なうこと、つまり、その地域社会の誰とでもうまくつき合っていく方法を体得している。この限りにおいては、たしかに彼らは小集団帰属の形よりも、ネットワーク的世界の行動様式をもっている。

　しかし、ここで考察している東南アジアの人々のもっているネットワークの世界と、日本の地域社会の人々のものとの違いは、無視できない重要なものである。それは、この日本人のネットワークの世界というものが、特定の農村地域社会とか、下町のように場を共有する歴史の古い範囲においてのみみられるということである。すなわち、長い期間の（何世代にもわたるような）コミュニティを前提として形成されているということである。これは、小集団の拡大された、また数々の小集団がかさなり合って、その累積の結果できた、より大きな特定範囲の人々の世界ということで、そのソトの人々に対しては、タテの構造をもつ集団と同じように強い排他性をもっていることに注目しなければならない。こうした特定の地域社会のある個人とどんなに親しくなっても、ソトの者はその地域社会の成員になることはほとんど不可能である。

システムとしての大きな違い

このような排他性のメカニズムは、ネットワーク社会からは生まれない。それは日本の場合のように、場とか人間接触の長さに限定された人間関係ではないからである。もちろん、この種の要素に当然影響はされるが、まったく個人と個人の関係であるから、場をはなれても、あるいは過去の人間関係の有無、期間の長短にかかわらず、自由に設定できる関係である。したがって、個人は自分のコミュニティを離れても同様な、むしろより広範なネットワークの世界をもちうるわけで、また、既存のネットワーク自体も同じように存続しつづけるのが常である。これに対して、日本の特定の地域社会のネットワークは、そのコミュニティを離れて生活しはじめると、たちまち機能が弱くなるし、個人は新たな場において人間関係を作るが、それはほとんど小集団所属の形になってしまう。

このように、ある部分をクローズ・アップしてみたときの人間関係のあり方は現象的には似ていても、より広いパースペクティブにおいてとらえると、日本人のネットワークと東南アジアのそれにはシステムとしての大きな違いが見出されるのである。

ネットワークとタテ関係の対照

さて、ネットワーク社会において、広範なそして有効なネットワークにつながる対人関係の蓄積は、もちろん、権力・経済力があり、出身階層がよい個人ほど豊かであるが、タテ関係は、人々がもちうる関係のうちの一種にすぎないのであって、タテ関係による上位者が下位者をコントロールする度合は、前者が後者に対する相対的な強さと、両者それぞれがもっているネットワークのひろがりと質の相対的差にかかっているといえよう。したがって、個人自体、弱者であっても、質のよいネットワークをもっている場合には、重要な役割を演ずることができる。

これは、ある意味でタテ社会において、タテのシステムにのっていると、実力のない個人でも相当な地位につけるということに似ている。それほど、つまりタテのシステムに比敵するほど、ネットワークは機能をもつのである。しかし、両者のシステムとしての働きは対照的である。

各人が複雑なネットワークの中に位置づけられている社会では、タテの機能は当然弱くなり、また、順位とか格というものはつけにくい。実際、東南アジア諸社会では、そうしたものに対する日本にみられるような関心もみられない。これに対して、日本社会におけるように、タテ関係とか順位が重要な社会組織の指標となっていると、個々人を結ぶネットワークは貧しくなるということができるのである。論理的に当然そうなるばかりでなく、日本人のネットワークは、東南アジア諸社会ばかりでなく、ほとんどの社会と比較しても弱く、貧しいということができるのである。

紹介状の濫発が意味するもの

このように説明してもなお、日本人にも同様にネットワークがあると主張する人がいるかもしれない。個人は自分の集団以外に多くの人を知っており、そうした関係を利用してお互いに活発な活動が行なわれているではないか。事実、多くの日本人は、とくに有力な、知名度の高いと思われる人々と知り合いであることを他人に知らせたがるし、気前よく紹介状を書く習慣がある。

しかし、本当に機能の高いネットワークの中に位置している個人は、制度的に明らかなつながりの場合は別として、いかなる人々と関係をもっているかを他人に誇示したり、不用意にいわないものである。それはたいせつな社会的財産であって、その保持は秘密ではないが、決して他人に見せびらかせるものではない。それは最も必要なときに発動されるべきものであって、濫用はその効用を弱くさせるものである。

もちろん、日本人の中にも機能の高いネットワークが存在しうるが、それはむしろ実力者といわれるような、集団の上層部の中に（決して上層部に位置するすべての人々ではない）見出されるのであって、一般には、ネットワークの効用はきわめて弱い。もし、それほど強いネットワークが一般に存在したら、個人の集団間の移動は、もっとパーセンテージが高くなるはずである。

それればかりではなく、さきに記したように、誰々と知り合いである、などということを、相手がききもしないのに、不用意に誇示したりすること自体、ネットワークの意味を軽んじていることになるのである。それは、むしろ、ナイーブな自己顕示欲にもとづいている。ネットワークに大きく依存した社会生活を行なっている人々は、もっと政治的というか、不特定多数の人間関係に用心深いものである。実際、相手が好感も尊敬ももっていない人（ということを考えもしないで）と知り合いである、などと得意になっていう人が日本人にはいかに多いことか。こんなときにはネットワークの効用からすれば、まったくその人にとってマイナス以外何ものにもならない。

紹介状の重み

紹介状を容易に書くということも、ネットワークの機能を発動させるというよりは、自分の力を相手（紹介を依頼する人）に誇示する意味が少なからずある。他方、それほどよく知ってもいないのに、容易に紹介を依頼する人が多いのは、ネットワークの質に対する配慮というものがほとんどなされないためといえよう。紹介する方も依頼する方も、この種のものがたいへん多いため、当然、日本における紹介状の効用は、たとえば、英米のそれにくらべると、きわめて低いものである。

私たちの日常の経験に照らしても、二、三度パーティか何かで会って、名前もよく思い出せないような人の紹介状をもってやってくる人がいたりする。相手に特別に好感をもたない限り、これでは受けた方もどうにもならない。これに反して、英米の本当に親しい友人などからは、××氏をあなたに紹介したいが異存はなかろうか、という問い合わせがあって、こちらの承諾をえて、はじめて紹介状を書くという場合が少なからずある。それほど人間関係をたいせつにしているのである。こうして紹介状をもってやって来た人には、こちらも責任を感じ、ベストをつくすことになる。このようにして、ネットワークは真に発動されるのである。

また、マレーシアの友人とは次のようなことがあった。「あなたに親しい者だといって、××氏（日本人）が自分のところに来たが、あなたが彼と本当に親しくて、彼のことを私に依頼したいのであったら、あなた自身から私に知らせがあったり、紹介状があるはずだと思ったから、適当に扱っておきましたが、それでよかったのでしょうね」と後になって知らされたことがある。事実、それで結構で、××氏はそれほど私に親しい関係ではなかったのである。このように、人間関係の質に用心深いのである。

彼らのあいだでは、知っているとか親しいなどという人々は数えきれないほどあるのが常であるから、たんに知っているとか親しいなどということは問題にならない。特定の個人と個人がいったいどのくらい機能をもちうる関係にあるかという質の考察に力点がおかれているのである。そして実際の場において、個人の相手に対するよみ(好感をもつかどうかも当然入るが)によって、それぞれ適切な対応がなされる。「人をみる」という点に関しては、彼らの方が日本人よりはるかに上である。集団に依存せず、すべて個人対個人の関係を基盤とする社会組織に依存しているわけであるから当然であろう。

潜在意識の中の「タテ」

日本人が一般に、なんらかのタテのシステムにつながらない関係に用心深いのは、その他の人間関係がこのように弱いもの、というか信用度が低いからでもあろう。日本人にとって、「親しい」とか「知っている」ということは、本当に機能をもつ関係を設定しているというよりは、自己中心的なもので、ネットワークとなりえない性質のものであることが非常に多いといわざるをえない。

日本人でも真に機能をもつ関係にある個人との関係は、みだりに他人にいわないものである。それはほとんどがタテのシステムと関係のあるものが多いが。相手からきかれれば、話したり、会話の中で、無意識に出ることはあっても、きかれもしないのに自ら故意にいうということはほとんどない。それは本当に必要となったときに使うべきものであるから、濫用をさけるためであろう。また、タテの関係にあることは、とくに下位の者にとって、従属の意識を伴いやすいものであるために、むしろ自己顕示欲的立場からはさけたいという意識も働くであろう。

事実、筆者がタテの理論を提示してみると、一般論（社会構造のうえでの）としては相当賛同を得たが、個人の感覚としては相当抵抗・反発が出た。自分にとっては、タテ以外の関係がたくさんあるから、タテであるという論に対して違和感があるとか、また、自分たちの仲間においては、タテなどということは問題ではないとか、日本もしだいに近代化が進んでタテからヨコに移りつつある、とくに若い人たちの目上の人に対する態度など、とてもタテの権威がなくなってしまった、等々。

これらは、タテの関係というものが日常生活において顕在化しているものと受けとったためと、潜在意識を掘りおこされた不快さにもとづくものと思われる。実はそれは構造のレベルのことであって、社会生活においては多くの場合潜在化しているものである。したがって、個人レベルでは、タテ関係はむしろみだりに口にすべきことではないといえよう。ちょうど強い機能をもったネットワークに依存する人々がそれをみだりに他人に語らないように。

以上、考察したように、タテ関係の機能が相対的に強いと、ネットワークの機能は弱くなる。日本の場合はここでいうまでもなく、その極端な例である。この両者はもちろん並存も可能であるが、全体社会の特色としては、どちらかに傾きがちで、両者補完的な立場にあり、個人の活動にとって、いずれも機能的な人間関係設定要因であるという点で、対比される異なるシステムであるということができる。

5　小集団における特色ある人間関係

人物評価の基準

これまでの論述で十分考察したように、日本社会においては、個人単位の集団参加は常に小集団に限定され、たとえ、組織的に大集団に属していても、それは小集団をとおしての参加であり、構造的に個人参加というものではない。同時に、小集団をクロス・カットして構成されるような類別集団への個人単位の参加もないし、個人を中心としたネットワークも貧しい。

このようなシステムにおいては、小集団は個人の社会化にとって何よりも重要な場を提供し、個人の社会生活・人間関係のパターンはここで育まれることになる。農家の場合のように、家族生活と経営体としての仕事場が一致している場合は別として、一般には仕事を媒介として、家族員以外の人々と小集団を構成しているわけであるから、個人は初期の家庭におけるものと、成人してからの仕事場を基盤とする小集団におけるものとの、二つの社会化のプロセスをもつことになる。この中間として、学校を場としてできる（この場合も実際には仲間とよばれるような、あるいは特定の先生を中心とした小集団が核になるが）ものがあり、これら仕事場・学校における小集団は、家庭におとらず個人のパーソナリティ形成に大きな意味をもっている。

日本において、学校・職場というものが社会的に個人を評価する場合重要な指標とされるのはこのためである。実際、出身校や職場というものが、個人にある種の共通な社会的特色を与えているとみることもできる。また、個人側にとっても、それにふさわしく振舞うという意識も働いて、その傾向がいっそう出てくるものと思われる。実際に、どのくらい影響しているかは疑問としても、社会全体における個人の判定に、それが使われやすいということが、実際よりもいっそうその傾向を助長することになっている。

このため往々にして家庭的背景というものが無視される。出身校と職場で個人の評価がきまりやすい。このことは、家庭的背景といった生得的なものよりも、個人の獲得能力に注目するという意味で、よい意味をもつと同時に、個人差をないがしろにする画一的な評価に陥りやすい欠点をもっている。事実、日本人の人物評価に、個人差があまり注目されないのはこのためであろう。日本人の場合でも個人差に注目したときにクローズ・アップされてくるのは、実は何よりも家庭環境（これは必ずしも貧富の問題とは限らない）である。私は学生たちと接して、いつもその感を深くするのである。

大きな意味をもつ職場での接触

しかし、諸外国の人々とくらべた場合、やはり、出身校とか職場の影響は日本人の場合大きいといわざるをえない。そして、実際、出身校とか職場というものが、個人の社会的位置づけにこれほど大きく考慮される社会はない。むしろ多くの社会で問題とされるのは家庭的背景である。これは単に見方の違いだけでなく、実際に、家庭以外の場における個人をとりまく社会関係・人間関係のあり方の違いを反映しているといえよう。すなわち、日本の場合のような高い機能をもつ小集団が職場などには存在しないのである。親しい友人と仕事場の同僚とはまったく別の種類の関係であり（たとえ友人が仕事場の中に見出されようと）、親しいのは友人であって同僚ではない。少なくとも同じ場で毎日を過しているから親しくなる、というようなことにはならないのである。個人の社会生活と職場は別であるという考えに立っている。

これに対して、日本人の場合は、職場は個人の社会生活における重要な場となっている。また、毎日を共に過し、飲食を共にしたりしていると、その頻度や時間が少ない人々より親しくなるという傾向をもっている。実際の接触が人間関係の質に影響してくるわけで、きわめて現実的な傾向がみられるのである。

全人格的参加を要求

小集団の成員は、お互いにきわめて密度の高い、家族にも比敵されるような人間関係を形成する。小集団においては、リーダー格であれ、新米であれ、全人格的ともいいうるほどの集団参加が要求される。このため、その構成員に対する集団の規制は、その集団の性質や目的によって設定されているルールというものではなく、その中の人間関係の相対的力関係ならびに、その総和からくる全体の動きによるものである。したがって、主義・主張や職業の違いにかかわらず、すべての小集団は共通した集団規制、内部的メカニズムをもつことになる。各小集団の孤立性がたいへん高いにもかかわらず、日本人全体の思考・行動様式に驚くほどの共通性がみられるのは、このためである。

小集団の各々の構成員は、全体として相互にゴム糸でつながっているようなものであるから、個々人がまったく他の成員と関係なく独立の行動をとったり、他の成員から決して侵されることのない分野をもつということは、不可能でないにしてもたいへん困難なことである。個人の行動は集団成員のもちうる情報内にとどまることがノルムとなっており、全体の流れ（これは内外の事情によって可変的なものであるが）の許容範囲にとどまることが要求される。したがって、個人をとりまく諸条件への順応が常に期待されると同時に、その範囲内にとどまるならば、時と場合によっては、個人の相当なわがままが可能である。また、たとえ組織上、個々人の役割がきめられているとしても、それは実際の仕事のうえでは、臨機応変に、個人の上下左右に位置する人々との相対的な関係で伸縮しうるものである。

こうした集団内の人間関係のあり方からは、いわゆる個人の権利・義務などという観念が出てこないのは当然である。このような観念とか認識をもちうるには、小集団における人間関係は密度が高すぎ、接近しすぎているのである。

小集団ではリーダーの権力行使はできない

小集団においては、たとえリーダーでも、その特色ある人間関係から逃れることはできない。このことは、リーダーとしてその権限を非常に制約されることである。リーダーは仲間の一人にすぎないのである。リーダー個人の権力行使を可能にする重要な条件は、リーダーとその成員との距離が大きい（接触の形においても実力においても）ことと、成員の数が多いことである。小集団の活動においては、この条件が満たされないのは当然である。

近くにいる人というのは、えらくみえないし、また近いという親近感が、ステータスの違いをマイナスにする働きをもつものである。ウチなる近い人というのは、ソトに対しては心強い協力を求めることはできるが、ウチなる人間関係においてはわがままなものである。したがって、リーダーは常に彼らと同じ仲間意識をもつことを要請され、彼らの意向を尊重しない限り、集団の運営はむずかしくなる。すべての成員の意向をくんで（常に共にいるし、数が少ないのでこれが可能となっている）、事を運ぶという慣習が必然的に生まれることになる。

この小集団における特色ある人間関係は、決して日本人の特色ではなく、いかなる社会においてもみられうる、孤立性の高い小集団構成からくる現象である。ただ日本の場合は、次の二つの条件を具備することによって、他の諸社会と異なっているのである。

第一は、すでに考察したとおり、大集団といえども、常に小集団によって構成されているために、この特色があらゆる分野・レベルに見出されることである。このことが、後述するように、日本人の特色ある社会学的認識のあり方に、大きく影響しているのである。第二は、小集団内において、その構成員は常に序列をもっている（あるいはもちうる）ことである。

儀礼的な序列

ここでは第二の点について少し詳しく考察しておきたい。序列は顕在化している場合もあれば、そうでない場合もある。制度的な組織体であれば、課長・課長補佐・係長などというフォーマルな地位の序列に加えて、入社年次のように、加入年次によるものがあることはいうまでもないが、このような制度的な組織がない場合でも、一般にその集団への加入順位が序列設定の指標となっている。加入順位が同じであれば、年齢・卒業年次などが使われたりする。また、代々同じ村の出身者などの場合には、個人の属する家の設立の古さ、格といったものが序列設定の要因になったりする。

とにかく、いかなる小集団においても（たとえ、それがきわめて民主的であることを誇り、タテでないなどという集団においても）、全員が等しく認めうる序列を設定することができる。そこにはなんらかの、日本人であればみながいちおう納得しうる理由をもった序列を、それもすみやかに設定することができる。これが、いわゆる筆者のいうタテ社会の文化であって、タテというのは、権力関係というよりは、儀礼的な序列に意味があるのである。とくに小集団の場合は、すでに述べたように、リーダーでさえ、権力を行使することはむずかしいのである。むしろ小集団の動きというものは、上下関係を親近性によって凌駕《りょうが》し、あるいは逆転さえさせるものである。

タテ組織の潤滑油

この中では、下位にある者は時によっては相当遠慮なく発言できるし、上位の者は自己の弱点を下位の者に指摘されたりすることを甘受し、両者のあいだには両方からの甘えというか、強い依存関係がみられるのが常である。とくにその集団の機能が高く、活動が活発であるほど、この傾向は強くなる。特定集団の機能が高いということは、その集団の独自性が高いことでもある。独自性が高いということは、それだけソトとの境界が明確で、集団として閉ざされていることで、この閉鎖性が、同時にタテマエ（タテ）と異なる行動を成員に許しうる自由を与えているのである。

各個人の自由度はそのステータス・役割、そして全体の意向によってある程度制約されるわけであるが、その限界は相互に自然に調整された線で保たれ、明確な規制はない。もちろん、その自由度は各小集団によって異なるが、いずれにおいても、ソトに対してタテマエであるタテの行動様式とは異なった多様性がウチにみられるのである。これがタテ組織に弾力性を与え、その潤滑油となっているのである。

このことは、最も小さい集団である夫婦関係にもよくみられるもので、亭主関白といわれる人の家庭が、実際にどのように運営されているか、日本人ならば誰でもよく知っていることであろう。タテマエと実態がまったく同じであったとしたら、下位の者は窒息し、その集団は陰湿となり、機能は低下する。タテが健全に作用し、集団が活発であるためには、上下関係を無視できる人間関係が存在し、一定の自然な調整が保たれていることが必要である。

人と人とのなじみ合い

実は、筆者がタテの関係という用語によって意味する一つの重要な人間関係は、下位の者が上位の者に従属することではなく、うまく組み合うことである。そして、ソトに対しては上下の礼節を忘れないことである。したがって「タテ」という用語によって一般にイメージ化されやすい、どちらかというと非人間的なオーダーは、とくにソトに対しての秩序であり、また、後述するように、人と人というよりは、むしろ集団と集団の関係にあらわれるのである。内部における実際の人と人の関係の特色は、むしろ「組む」ということにある。

この組み合わせというか、人と人とのなじみ合いがうまくいかないと、集団の内部が陰湿になったり、ヒビ割れができやすい。それが過度の状態になると、ソトに対してその集団成員の上下の礼節が守られなくなり、それによって集団はその弱体化をソトに露呈するようになる。このような不幸な状態は、上に立つ者の責任である場合もあるし、上に立つ者と関係なく、下に立つ者の不徳のいたすところである場合もある。また夫婦関係でよくいわれるような性格の不一致ともいうべき、いずれにも明確な理由はないのだが、両者が合わない場合もある。とにかく、いずれにしろ、こうした事態は不幸な関係ということができ、これは日本的集団にとって致命的な弱点となる。こうした人と人との組み合わせ如何が、他の社会における集団の場合より大きく左右するというところに、日本の組織の長所・短所があるのである。

トップも小集団を形成している

大きな組織の末端に位置している小集団の構成員からみれば、その全組織の長は、いかにも権力があり別世界の人のようで、断絶した感じをもちやすいが、そのトップの長の周辺をみると、やはり小集団的世界ができているのが常で、その中のダイナミックスは、下位に位置する小集団のそれと本質的にかわらない場合が多い。

すなわち、一つの組織の長というものは、それに非常に接近した直属幹部数人と共に小集団を形成している。そして、その直属幹部をとおして、下部の組織につながるというシステムになっている。組織が大きければ大きいほど、この直属幹部から末端の小集団までの距離が長くなり、そこに何段階かのつなぎがあるわけであるが、各レベルごとに、同じように集団機能が与えられているのではなく、最上位と最下位に位置する小集団の機能が最も高く、それらが集団の生命・活力源となっており、その中間はその二つのつなぎの役割をもっているわけで、単に制度的な上位集団を形成しているにすぎない。日本社会では、課長と社長がクローズ・アップされ、両者の中間には、いわゆる閑職などというものが存在したり、課長の上のポストが比較的楽なものになっているのは、この構造によるものである。

大集団の長は、その直属幹部や側近とともに一種の小集団的世界を構成する。したがって、すでに考察したように、大集団の長といえども、小集団のリーダーであり、そのリーダーシップは相当制約されていることはいうまでもないが、その長の権限は、一に、その小集団内の人間関係にかかっているといえよう。極端な場合は、直属幹部に離反されたり、あるいは特定の人々を側近として扱ったりすることによって、不健全な上層部が形成されると、リーダーシップの行使はいっそう貧しいものとなり、集団全体を弱体化することになる。

側近政治はなぜおこるか

日本において、側近政治というものが行なわれやすいのは、リーダーならびに直属幹部たちにも、小集団的人間関係の志向がきわめて強いことと、年功序列的にリーダーがえらばれるので、必ずしもリーダーとしてすぐれた能力をもたない者が大集団の長につきうる、という二つの理由によるものと思われる。とくに、実力や人をみる目のない人や、あるいはそれらは備わっていても、自己顕示欲が強くお世辞に弱い人が、その長のポストについているときには、いわゆる側近政治となりやすい。そのために、リーダーの視野はせばまり、貧しい決定がなされやすい。

日本における側近とか、とりまきの特色は、リーダーが積極的にその人たちをえらんだというよりは、その人たちがたまたま近くに位置していたとか、むしろその人たちが好んでリーダーの近くに徐々に近づいてきたということで、この意味でも、リーダーの条件は貧しいものとなっている。このような側近を形成させないだけの強さ、公平さ、意見の選別能力が、このシステムにおいては最もリーダーに必要とされるものである。

側近政治は、ただでさえ距離のある大集団の長と、大集団全体を構成する各小集団に組み入れられている人々との距離を増大し、リーダーの意見が末端にとどかないばかりか、後者が離反しやすい条件をつくるものである。すでに述べたような内部構成をもつ日本的大集団の構成員にとっては、大集団の長よりは、小集団の長の方がはるかに重要な存在である。

一番強い現場監督

かつての軍隊における小隊長はいうまでもなく、工事を担当する現場監督や病院の婦長などといった人たちの存在が、全体組織の地位のうえでは高くないにもかかわらず、実際にたいへん重要な意味をもっているのは、そうした地位にある人が、その組織体において、その役割が不可欠な現場の小集団を代表しているからである。

これらの人の下で働く人たちは、その直接の長よりも組織のうえでは上位にある人の命令でさえきこうとしないのが常である。この意味で、単に地位が上であるからといって、下位にある者を動かすことはできないのである。自分たちの世界（集団）に属さない人の命令は、たとえ自分たちよりはるかに上位者であることがわかっていても行なわれがたいのである。心情的には、自分たちの気持が通じていないような人の命令には従わないのである。

ある新興宗教の教祖が、次のような興味あることを私に語ったことがある。この教祖がある地方の信徒集団を訪ね、その集まりに姿を見せたところ、信徒たちは教祖である自分よりも、その地区の担当者（地区の長）の方により関心があるらしく、そちらの方ばかり注意しているようで、教祖としての自分は、なんだかおかしな気持をもった、というのである。この教祖の観察力のよさに感心したことであるが、これは信徒の正直な気持をあらわしていたのだと思う。日本人の集団参加、リーダーに対する認識のあり方がよく出ている。

タテ社会と服従

日本人の忠誠心とか、上位者への服従がよく強調されたりする。しかし、これまでの分析からも十分推察できることであるが、大集団のレベルでも、また小集団のレベルでも、威令が行なわれないとか、上の人の命に従わないということは、実際昔からよくあったことであるし、そうした例は私たちのまわりにも見受けられるものである。タテ社会は、上位者にとって必ずしも居心地のよいものとはかぎらない。

したがって、タテ社会であるから日本人は上の人のいうことをよくきく、とか、頂点にあるリーダーは権力をもっており、みながそれに従う、などというのは、筆者のタテ社会の理論を理解していない人の見方である。

この点むしろ、タテ社会でない欧米社会における方が、服従のルールはずっとよく守られるといえよう。これは日本社会においては、上位者の命に対する下位者の服従ということが、両者の地位・役割を結ぶルールとしてというよりも、コミューナルな感情や利害関係の思惑を多分に含んで実行されるのが常であるからである。これに対して、たとえば、ドイツ人の場合顕著にあらわれていることであるが、上位者がいかなる人であろうと、命令の内容がいかなるものであろうと、命令そのものに服従すること（ルールを守ること）に意義があるという認識にたっている。この方が日本の場合より、はるかにシステムとして徹底するものであることはいうまでもない。

6　小集団的思考と行動様式

非礼と慇懃無礼

小集団というものが、いかに個人にとって社会学的に重要な意味をもち、その成員と常に仕事や生活を共にしているといっても、現実の個々人の生活においては、小集団以外の多くの人々に接し、またその人たちとさまざまな関係が維持されている。さらに個々人は、小集団ばかりでなく、大集団をこえて、社会全体についての社会学的認識をもっている。しかし、こうした場合の個人の行動や信条を特色づけているのは、やはり、以上、考察した日本人の特色ある集団構造の反映である。すなわち、小集団において育まれた、他人との合流を容認、またはそれを期待する意識と、小集団に属さない者を排除する、集団単位の不可侵の意識からくるものである。

この二つの意識が、さまざまな人間関係、個々の接触の場で、どのようにあらわれるかは興味深い問題である。小集団的思考・行動様式は、小集団外の人々に対しても、条件的に小集団的人間関係を設定することによって適用される。一方、集団による不可侵の意識は、競争・敵対関係においては排他意識として、平和的関係においては形式主義となってあらわれる。

　つまり、親しい人、あるいは親しいという関係を設定したい人には、小集団的仲間意識を使い、関係ないと思いたい人には集団的不可侵の意識を適用する。この方法は、お互いに同様な関係認識をもてばよいが、相手が親しいと思っていない、または思いたくない場合にはたいへん失礼な行動になるし、またその反対の場合には、慇懃《いんぎん》無礼ということになる。したがって、人と人との出会いにおいて、日本の社会生活では相当チグハグな場面があり、感情を害したり神経にさわることが少なくない。日本人は礼儀正しいなどといわれたりするが、この意味では非礼な振舞いは決して少なくなく、礼節の国、中国の人々には遠く及ばない。礼節に欠けるのは単なるマナーの問題だけではなく、ここで問題としている集団構造のあり方、そこで育まれる意識・行動様式からくるものである。

　つまり、漢人社会の場合は、小集団は日本の場合のように閉鎖性がなく、大集団に対して開放的であり、個人は常に大集団の一員としての行動様式をもっており、それが不特定多数の人々に対して適用されるからである。これは社会構造による個人の社会化の結果であり、個人の社会的経験の蓄積によるものである。

わがままと辛抱強さ

因みに、日本人でも、実際に小集団以外の人々と交わる機会の非常に多い人（とくに小さいころから人見知りをしないような環境に育った人）の場合は、小集団外の人々と交わる訓練ができていて非礼もずっと少なくなる。これは環境と資質による個人的要因によるもので、階層とか地位・名声などといったものと必ずしも関係しない。社会や集団の上層に立てば、当然自分の集団外の人々との接触は増えるが、前述したように、頂点においても小集団が形成されているし、かえって、地位の高い人とか有名人というのは、側近とか、いわゆるとりまきにかこまれている場合が多いので、小集団的設定条件には恵まれているともいえるのである。

実際、日本社会では、相当地位が高かったり、有名な人々の中にも、相手が誰であろうと得意になって一座の話題を独占してしゃべりつづける社交性を欠いた人々が少なくない。また、うちとけた席では、その中で相対的に地位も低く、年齢も若い人が自己中心的な話に終始したりする。そのいずれの場合も、話者が、その場を小集団的集まりと認識することからくる現象と思われる。つまり、自己中心の振舞いが許される環境に自己がおかれていると思っているわけである。

小集団の行動様式の一つの大きな特色は、自己中心的な行動・発言が許されるということである。たとえば、因業《いんごう》オヤジのいうことをいちおう家族の者（あるいは部下）がきくとか、頑是《がんぜ》ない子供のわがままが許されるといった設定が典型的なものであるが、仲間うちでは必ずしも特定の人と限らず、時により条件により、仲間の誰かがその特権を与えられる。誰でもがいちおう、自己中心的な感情・意見の披瀝を許されうるという環境である。これは、仲間のうち誰が先に酔ってしまうか、というようなもので、仲間の誰かが先に酔ってしまうとこちらは酔えなくなって、酔った人に合わせるか、彼を介抱する役にまわることになる。仲間うちの会話というのは、このパターンをとるのが常である。だから、人々はわがままでありうると同時に辛抱強いのである。この小集団にみられる二つの側面が、小集団外の人々とのつき合いにも出てき、それがいっそう顕著な形をとりやすいのである。

許容される自己顕示欲

事実、集まりでよくしゃべる人の話には、いかに自己中心の話題が多いかは驚くほどである。日本人の自己顕示欲というのは、こうした場においては、他に類例をみないほどである。相手がいかなることに興味をもっているか、とか、自分の話に興味があるかないかなどということは、ほとんど考慮に入らない。往々にして、その集まりにおける自分の役割さえも忘れている。まさにお酒に酔ってしまっているのに似た現象である。もちろん、お酒が入れば、この傾向は倍加することはいうまでもない。

そして、興味あることは、その場の人々が必ずしも小集団のメンバーでなくとも、その特定個人のわがままな行為を許容することである。この許容性は同時に、いったんその場が一つの力によってリードされてしまうと、その流れにさからうことは、その場のリズムというか雰囲気を乱すことになる、つまり日本的に礼を失することになるので慎しまなければならない、という考慮にささえられている。本当の小集団、仲間ウチであったら、反論したり、ちゃかすことも、タイミングによってはできるが、そうでない集まりにおいては、その人々と友好関係を保ちたい場合には、そのような行為はさけなければならない。そのためにいっそう話者の自己中心的な行為が許されるという結果になる。これでは、反論を楽しむなどという、同席している全員が参加しうる知的な議論の遊びはとうていもちえないことになる。

自己中心的な話というのは、記述的要素が多く、その人の感情の流れに沿ったもので、反論しにくいものであるために、きく方も知的な刺激を受けることも少ない。したがって、ただ物語をきくということになる。ときどき合いの手を入れるくらいである。相手に興味や少なくとも好意をもたない限り、退屈であり、忍耐を要するものである。この点、日本人のきき手は驚くほどの忍耐を示す。これは忍耐というより、そうした情況がほとんど常態に近いものであるために、社会的に訓練されているのであろう。因みに、何かの拍子に、話し手が他の人に移ると、いままでの話者はきき手にまわる。それまで得意になってしゃべっていたのに、次の話者に圧倒されたかのように、あるいは、お休みの時間という感じで、すっかり黙りこんでしまったりする。話者になるか、きき手になるか、どちらかに傾きがちである。

しかし、このような一座の話題を独占して得意になってしゃべる人がいないと、親しい関係にない人々の集まりの場合は、往々にして座が白けることがある。これは、そうした場では、人々は後に述べる没個性的・形式主義的な態度をとりやすいためである。その意味で、こうしたおしゃべりの人は、座が白けるのを救うという効用をもっていることもたしかである。

反論を楽しむインド人

もちろん、ここで指摘した日本によくみられる現象は、他の社会においても皆無とはいえないが、自己中心的な話で、その場を独占するなどということはたいへん非礼なことであるし、まわりの人々もそれを許容する（心理的にも時間的にも）忍耐をもちえないので、日本社会におけるように、どこでもみられる風景ではない。集団構造の観点からも、こうした人々の出てくる余地はあまりない。

たとえば、インド人は周知のようにたいへんおしゃべりだが、みんなが話したがるのであって、それが誰であろうと、特定の一人のおしゃべりを許すなどということは決してない。彼らは反論を楽しむのであって、自己中心の気分を楽しむのではない。英国人のディスカッションの楽しさも、自己中心の主観とは反対に、いかに客観的に問題に対応しうるか、相手の心理をいかに見ぬくかということが重要な条件となっているから、いい気になってしゃべったりすれば、完全にやられてしまうか、すきだらけの頭の悪い奴ということになる。

このような行動様式は、たしかに、大集団に個人が直接参加するという社会学的な条件、さらに、人間関係というものが、閉ざされた枠の中ではなく、開かれた場において、個人と個人のあいだに設定されるというシステムをもつ人々にとっては、当然もちうるものと考えられる。

形式主義の適用

以上、考察したのは、日本人の人と人との対応における、小集団的世界の適用された場面であるが、一方、小集団的人間関係が設定されえない場面におけるコミュニケーションというものは、すでに指摘したように、形式主義となる。前者においては、個人の自意識があらわに出たりするが、後者においては、個人の特色は極度に後退し、ほとんど無の状態となる。そこで、いわゆる形式主義というものが適用される。個人の発言も行動も、すべて形式に依存することとなる。

このことは、現実に個人によってコミュニケーションが行なわれていても、それは集団と集団のコミュニケーションという性質のものであることを示唆するものである。コミュニケーションの単位が没個人的なものである場合、形式という表現方法がいかに有効性をもつかは、十分理解できるところである。

小集団的世界の延長線上にない人々（つまり親しくない人々）とのコミュニケーションには、すべてこの形式主義が適用される。こうした場面においては、個人は目にみえない膜をかぶっているようなもので、相手とは間接的な接触となっている。小集団の中における姿がヌードに近いものだとすると、これは儀式用の正装である。ここでは当然タテの序列は守られ、すべてが儀礼的となる。形式主義は、相手から自分を守る武器でもあり、相手と自分のあいだにある不安定さ、不確定さを乗りこえる手段としても役立つものである。なかんずく、全体の秩序への無意識な服従を意味するものである。

外国人が日本人との接触において常に不満をもつのは、多分にこの没個性的な形式主義に由来するものと思われる。この形式主義の適用は、関係がうすくなるほど顕著になるものである。外国人の場合には、当然そうした出会いが大きなパーセンテージを占めるから、いっそうそのように感じられるのであろう。

中間形態のノーマルな行動様式

小集団的行動様式と、この形式主義的行動様式は極端なコントラストを示しているが、その中間形態というか、そのいずれにも属さないような場においては、きわめてノーマルな行動様式（国際的スタンダードに照らして）がみられる。それは集団などという明確な枠をもたない、いわゆる顔見知りの人々からなる特定の世界に見出されるものである。たとえば、昔からお互いに関係の深い（婚姻関係や仕事のうえでの関係）隣接しているいくつかの村落からなる地域社会の住人たち、同業仲間の世話役たち、また、財界・官界・政界などの異なる集団の出身者から形成されるいわゆるトップ・セクターの人々などである。

これらは集団ではないが、お互いに知り合った一定の相当数の人々からなり、それが一つの安定した社会的セクターを構成している。このような特定のセクターを形成している人々は、それ以外の人々に対して、一種の同類意識をもち、その人々のあいだには、さまざまなネットワークが蓄積されている。そこでは、小集団内におけるようなわがままもできないし、形式主義で身をかためるには、お互いにわかりすぎている。そのうえ、タテ関係につながらない人々が多い。そのためであろう。そこでは個人は自主的であり、わきまえがよく、バランスのとれたスマートな対人関係がみられる。この部分だけ取り出してみれば、他の諸社会と十分比敵できる行動様式がみられる。

しかし、こうした行動様式をもちうる人々でも、ひとたび場面が変われば、小集団的対応や形式主義的対応をするのであって、その人々が例外なのではなく、タテ社会の構造の中においても、条件によっては、そのような現象が存在しうるということである。

無差別平等主義

個々人の出会いにおける行動様式は、ある程度の個人差があるとはいえ、その社会の集団の構成、ならびにその総体としての社会構造を反映して、その社会全体を特色づける傾向がみられる。この傾向は、その思考様式をも特色づけるものである。ここでいう思考様式とは、社会に起こるさまざまな事件・問題に対する反応・処理の仕方など、日常レベルにあらわれる価値観といったものである。人間関係における行動様式と同様、その特色は、他の諸社会にみられるような、個人が直接大集団の成員となっている場合のそれとたいへん異なった様相を示すのである。

その一つの大きな特色は、関心が強いほど小集団意識というか、小集団を特色づける道徳的信条が強く出てくることである。

小集団的世界に棲息する人々は、常にその世界が、レベルにおいても可能性においても、自己と接近した人々に限られているから、そのレベルからかけ離れた立場にある者（たとえば権力者）を容認しえない性質をもっている。この見方が諸条件を無視して、小集団の外に拡大されて適用され、社会全体にかかわるようなスケールの大きい問題にも適用される。とくに相対的に劣勢の立場にある場合、強調される傾向である。そして、社会学的には不合理な、また実現不可能な主張が標榜される。

これは無差別平等主義とでもいうようなもので、たとえば「すべての人々は同じように努力し、同じように報《むく》われるべきである」という信条である。学校にしろ、収入にしろ、生活スタイルにしろ、格差是正ということが常に叫ばれ、それぞれの格差によって総体としてできるヒエラルキーの頂点に立つものは、その具体的表現方法として攻撃の的になる。こうなると、格差自体よりも、その頂点が存在すること自体が悪とされる。実際問題としては、頂点はどんなに攻撃されようと、その全体のヒエラルキーの構造が解体しない限り、びくともしないものであるから、その行為自体は欲求不満の解消的意味しかもっていない。

集団のかくれ蓑

わずかな格差ですら許容したくないという一般の信条は、よい意味でも悪い意味でも、単独に社会の常識と異なる行動をとった者（個人にしろ集団にしろ）に対して、恐ろしいほど強力な社会的制裁を加える。小集団内の仲間はずれ、すなわち村八分が、それら集団成員にとって最も致命的な制裁であるのと同じように、そのスケールを大きくした形でなされるから、風当たりもたいへんである。

これにはジャーナリズムが一役買うことはいうまでもない。攻撃はいっせいになされ、孤立無援の状態に立たされる。この場合の対象には、頂点に立つ者では決してなく、どちらかといえば弱者が多く、無理をして頂点に近づいた者が往々にしてなるのである。しかし、この攻撃の襲来は、いっせいになされ、たいへん大きなボルテージを上げるが、台風のようなもので、それほど長つづきはせず、いつのまにか忘れられたようになる。小集団の場合は、最悪の場合にはその個人を排除することになるが、全体社会の場合は排除することなく、こらしめで温存ということになる。その攻撃された集団がスケープ・ゴートを出すことによって終わるのが常であり、集団として攻撃されるわけであるから（個人が象徴的に使われることはあっても）、個人としては集団のかくれ蓑《みの》に助けられて生きのびることができるのである。

このように小集団単位の社会構成にあっては、集団攻撃はどんなにすさまじくても、徹底的な個人攻撃はまぬがれることができる。

日本人の中から亡命者がほとんど出ないということも、このことと関連しているに違いない。また、ネットワークの機能が貧しい社会にあっては、亡命したら最後、捨てられたも同然の運命をたどらざるをえない。頼りになる仲間（小集団）とは常に共に喜怒哀楽を分かち合う人たちである。遠く外国に離れていたのでは、とうていそれは望むべくもないことである。このことからもわかるように、日本人の人生にとって、小集団は決定的な意味をもっているのである。

第二部　集団と集団

——隣接する諸集団のメカニズム

1　軟体動物的構造

諸集団統合のカテゴリー

小集団は、他の小集団とともにより大きな集団の一部分を構成しているのが常である。その大集団の大きさはもちろん大小さまざまであるが、統合のされ方は、ほぼ次の四つのカテゴリーに要約される。

(一)　制度的な組織によるもの。官庁・企業に典型的にみられるものである。小集団(課)は制度的な上位レベルである部局によって統合され、さらに最上位のレベルにおいて一つの明確な大集団の単位に統合されている。

(二)　制度的な組織によらず、インフォーマルな内部組織によってなりたっているもの。たとえば、いくつかの派閥から政党が構成されているように。

(三)　単位としては同一の大集団ではないが、いくつかの独立(あるいは半独立)の単位である集団(小集団であることもあるが、たいていはいくつかの小集団をふくむ大集団の単位)が、特定集団を頂点として、ゆるい関係でタテにつらなって、全体として一つのまとまりを形成している場合。これは「系列」などという用語で表現されるものである。

㈣　以上の三つの場合は、上下関係が組織的に明らかなタテ関係でつながっている場合であるが、そうしたタテ関係とは、制度的に異なる関係をもつ諸集団からなるクラスターとなっているもの。すなわち、同種・同類集団としてのクラスターである。この種のクラスターは、普通、連盟とか協会などの名称をもっている。鉄鋼連盟とか、銀行協会、医師会のように、同業種の場合が多いが、ガラスだけとか、タイヤだけといった、一種のみを生産している企業が集まって協会を作っていたり、また大学関係では国立大学協会、私立大学協会などというのがある。これらは同種というよりも同類集団というべきであろう。

相対的順位

類別集団のところですでに考察したように、日本には個人参加の類別集団はなく、同種・同類の諸集団が集まって一つのゆるい連合であるクラスターを形成している。このクラスターは、同種（同類）に必ず一つというのでなく、二つ、三つと大きく分かれていることも少なくない。

いずれの場合も、多数の各々の集団が独立体であるにもかかわらず、また大小の差があるにもかかわらず、統制がとれやすいのは、それぞれのクラスター内で、集団の格付けが行なわれており、そのこと自体が全集団にいちおう認められているからである。格付けとは要するに相対的な順位のことである。

小集団の場合、その個々の構成員に順位があることを指摘したが、同類集団のクラスターの場合も同様である。原則として、その中で、より古くて大きい集団は格が高く、その反対は低い。同業・同類であれば、お互いに関心が高く、よく内情が察知でき、順位設定は決して困難なことではない。小集団の構成員の場合とくらべて、同類集団のクラスターの場合は、集団の数が非常に多くなったりするため、必ずしも全集団が一列に並べられるような順位は、全体として明確にはならない。そのような場合には、個別順位にかわって、一流、二流、三流といった集団的なランク付けが自然に設定されている。

しかし、一流とされるグループの中では、集団の個別順位は必ず自他ともに認知されている。また、二流、三流とされる集団の場合でも、ナンバー・ワンから数えて何番目ということはわからなくとも、自己集団にとっては、その前後の順位にくる集団は認知されているのが常である。すなわち、どの部分をとっても、同じ位のよく似た集団間の相対的順位があるのである。この相対的順位は、微妙な差によってできているのが常であるから、活動成果によって隣接する集団の順位が変わることもありうる。それゆえにこそ、隣接する集団間の競争はことのほか激しくなるのである。したがって、一流、二流、三流のどの部分をとってみても、各集団の他集団との関係における運動法則は同一であり、その限りにおいて、集団成員の気持は似たものである。

潜在的なタテ関係

このように、各部分において相対的な差によって順位が認知されているということは、論理的結果として、一つのクラスターの全集団がタテにみなつながっていることになる。このつながりが同種・同類の諸集団に秩序を与え、一つのシステムを共有するクラスターとして異種集団から区別されるのである。このシステムは、組織などとよべない、きわめてインフォーマルで潜在的なものであるが、その社会的関心の強さにおいて、社会構成に大きな意味をもっている。

㈠、㈡、㈢の場合は、いずれも上下関係が明確な組織であるが、㈣の場合は、上下関係というよりは順位といったものである。しかし、その順位がタテの価値を反映しているという点で、タテ社会の性質をよくあらわしているものである。

㈠から㈣へといくに従って、制度的なタテの機能はゆるくなる構造であるが、いずれの場合も、その内部をみれば、個々の集団、とくに小集団の孤立性は高く、大集団・系列集団・クラスターとしてのまとまりは弱いのが常である。派閥争いに明け暮れして、党全体の社会的責任がないがしろになるとか、日本政府の数は官庁の課の数だけあるとか、また総論ではみな賛成であるが、各論になると反対が続出し、実行できないなどといわれるのは、その側面をよくあらわしている。

集団内部においては、激しいセクショナリズムや、同類集団間の競争を内包しているもので、タテの秩序はあっても、必ずしも協力関係にあるものではない。むしろ、タテ関係に位置しない取引先の方が、友好関係にあるということもできよう。

大集団が凝集性をあらわすのは、外的な条件による緊急事態というか、大集団全体がソトに対して防御態勢を必要とするときである。これは、クラスターのようなゆるい連合体の場合も同様である。輸入に対する業界の抵抗などそのよい例である。こうしてソトに対して、より正確には防御・抵抗をしなければならない対象に対して、一丸となって当たることができるのは、実に、タテの組織・順位があるためである。これによって、内部秩序を保つことができるのである。このような場合、常にタテの力に従属することに強い抵抗を示す個別集団や小集団は、驚くほどすなおにタテの秩序に従うものである。

このように、タテの関係とは潜在的なものであって、決して、それが平時の日常活動において顕在化して使われているものではない。伝家の宝刀のようなもので、みなその存在を知っていながら、いざというときにしかあまり使わないものである。とくに集団と集団の関係においては、すでに指摘したように、自己(集団)主張が強いために、上から下へのコントロール、圧力は限界をもつものである。

そのうえ、各集団は、他集団とさまざまな関係をもっているために、たんに上下に位置するのではなく、諸集団にとりまかれているような位置づけにあり、それらとの関係調整を常にしいられているから、その上からの力の行使には構造的な限界をもつものである。

隣接し、なじみ合う集団関係

この諸集団の存在の仕方は、ちょうど古い石垣を構成している相互によくなじみ合った個々の石のような位置づけにある。それぞれ形も大きさも異なる個々の石が、隣接して全体をうまく構築しているといった具合である。これは、一つの大きな集団の中の小集団の存在の仕方でもあり、また、一つのクラスター内の諸集団の存在の仕方でもある。さらに日本社会全体の中にみられるさまざまなクラスターの存在の仕方にも該当する。

石垣にたとえたのは、あくまで個々の単位の相対的な大きさの種々相とその隣接のあり方にすぎない。集団はそれぞれ生きて動いているもので、構成単位は有機的な性質をもち、全体は生物体のように生きたシステムである。

重要なことは、集団であれ、クラスターであれ、それぞれの単位が相互に隣接し合って、単位の大小を問わず自己主張し、お互いを規制していることである。各集団はいかに小さなものであっても、既得権をその存在の基盤にしており、あらゆる意味での侵入、侵害に対して抵抗を示すが、同時に、いかに大きく優勢な集団であっても、積極的に自由な行動に出ることは極度に制約されている。

隣接するそれぞれの単位は、お互いに同類であったり、異種であったり、上下関係であったり、取引関係であったりして、雑多な存在の仕方がみられるが、直接に隣接しあう集団と集団の間には、亀裂、あるいは機能的な分離帯があるのではなく、むしろ両者のなじみ合いから醸成される連続を可能にするメカニズムが内包されている。この関係が幾重にも錯綜し合って、全体として連続体を形成している。

個々の接点において、もちろん摩擦や緊張関係は起こりうるが、個々の集団の存在理由が全体構成のバランスの上に立っているために、いかなる場合においても全体構成の枠の中で（その許容範囲において）のみ、事は処理される。これは、リオーガニゼーションというものを許さないきわめて保守的な構造である。

同質の部分から構成される連続体

これに対して、類別集団ごとの単位が全体の社会構成において高い機能をもっている場合には、各単位が性質・役割を異にすることによって、相互に明確な分離ができている。そしてこの分離された単位が特定の役割を独占することによって、相互に補完的な関係に立ち、全体がオーガニックに結ばれ、機能するというメカニズムとなっている。このシステムでは、全体の中枢の位置づけも役割も明確で、したがって、権力行使というか支配と服従の関係も、ルールとしてその中に明確に位置づけられている。

連続体の場合は、いちおう、中枢部が存在するわけであるが、それは他の単位から明確に分離して、他を従属させる主体的自由をもった――あるいはルールとしての支配・服従の関係にのっとった――権力の中心ではない。

すなわち、大集団・クラスター、あるいは日本社会全体のいずれを単位として考えても、それ自体は、前に考察したように、システムとしてタテに統合されており、その頂点（ならびに直属する部分）は、中枢部としての機能をもっているが、それは全体構成の中で頂点に位置しているということだけで、権力行使が可能であるという構造的特権はもちえないものである。なぜならば、原則的には他の諸単位と同じように、隣接諸単位からくる力関係に大いに制約されるからである。

すなわち、全体は、どの部分も同じような性質をもった連続体から構成されている軟体動物に似ているということができる。がっちり組まれた石垣（よくできた全体）の要件は、個々の石が形や大きさは違っても同質のものであることである。連続体を可能にしているのは、実に全体を構成している部分が同質ということによってささえられているからである。そうでなければ、単なる隣接という条件では相互に結びつくこと、より正確には、なじみ合って、それが全体をつくり上げるということはできないのである。

これに対して異質の場合は、すでに指摘したように、なじみ合うのではなく、まず相互に明確な分離ができていて、分離された各集団が相互補完的なオーガニックな関係にたっているのである。

ヒトデに似た運動法則

それでは、どの部分も同じような性質をもつ連続体全体の、動的メカニズムというのはどのようなものであろうか。すでに数年前のことになるが、大阪大学の生物学の鈴木良次教授が筆者の質問に対して説明されたヒトデのモデルにおける、周口神経環と他の部分との関係は示唆に富むものであった（同教授の論文「ヒトデのシミュレーション」『医用電子と生体工学』一九七二年四月所収、一六四〜一七〇ページ参照）。

ヒトデの五本の腕は、自発活動をある程度行なうが、この五本の腕の管足の動きを統合する必要があり、これを行なっていると考えられるのが周口神経環である。たとえば、ヒトデが「波にさらわれるなどしてひっくり返されると、すぐ起きなおりを始める。その動きは初めは鈍く、五本の腕がそれぞれ勝手に動いているようにみえるが、やがて五本の協調が始まって、次にはすばやく起きなおってしまう」のである。

このような協調を可能とするヒトデの五本の腕の管足の動きを統合するのは、中央に位置する周口神経環であるが、これは、コントロール・タワーのように、個々の各部分の動きへ指令を発するという機能をもつものではなく、各部からくる反応をシステム全体の中の動的法則性の集合として受け持つ役割をもつ。

日本社会にあっては、首脳部とか政府というものは、その本質において、このヒトデの中枢領域に位置する周口神経環のような性質をもっている。

権力構造のあり方については後に述べることとし、全体のダイナミックなメカニズムについてまず考察してみよう。つまり、どこか一部に刺激を与えると、あるいはどこか一部が自律的に動き出すと、その周辺ならびに全体に、どのような反応が起こるかを考えてみたいのである。

こうした動きへの反応度には、集団の位置ならびに大きさなどによって差があることは、十分推察できるところである。

タテに組織された独立・半独立の各集団は、ヒトデの各腕のようなもので、それ自体の活動において、相当な独立性というか自由度をもっている。その集団クラスターが、外部的あるいは内部的要因によって刺激を受けると、その全体の中でとくにその刺激に強く反応する特定部分（局所）から他の部分が一種の連鎖反応を受け、しだいに全体に影響していくが、この連鎖反応は全体にまんべんなく行きわたるのではなく、中にはそれにまったくといってよいほど反応しなかったり、影響を受けない部分もある。

このため、局部に起こった動揺はその周辺に波及するだけでとどまり、そこだけの問題として自然に治癒することが多い。お家騒動などというものはその典型であるし、また、大学紛争は全国の諸大学には波及したが、あの大騒ぎの最中でも大学を一歩出ると、うそのような平静さが街にみられ、人々はいちおう大学紛争について話し合っても、大学のソトの人々にとっては、対岸の火事も同様であった。労働者たちは学生の呼びかけに少しも動ぜず、むしろ批判的な目を向けていた。フランスにおけるような、学生と労働者との交流はついぞみられなかった。学生と労働者どころか、諸大学の学生が連合することすら容易ではなく、一大学内においてさえ運動は学部により、さらに学科による差が生じ、こうした事実によって、その全体としての勢いは低下せざるをえない事態であった。

タテ社会における、各レベルの集団の孤立性・閉鎖性は、さまざまな動きの伝達に段落をつけ、その勢いをそぐ作用をもつものである。この作用は集団間の相互協力（ヨコの関係）がうまくできないということとウラハラの関係にある。私たち日本人は、ヨコの関係の貧しさを慨嘆するが、このヨコの関係があまりにも自由に設定できるようになると、集団はここで指摘した一定の動きに対する防波堤を弱体化することになる。

同質の構成をもつ社会において、この単位（集団）の独立性が弱く、個々人がその単位のあいだを自由に流出・流入することができるような状態であったならば、強い刺激に対して諸集団の抵抗度がきわめて低く、全体としてもろい社会となるであろう。この意味で、日本的システムにおいては、各単位は隣接する同一クラスター内の単位の一定の動きに影響されやすいとはいえ、抵抗・制御のメカニズムをも内蔵しているものである。

刺激への反応と伝達のプロセス

刺激を受けた特定部分（震源地の動きに影響される部分）の動きをみると、次のようなプロセスが見出される。

それぞれの立場で受けとめた刺激に対して反応があると、その対応の方向が各集団ならびに集団間で模索され、しばらくたつと、それぞれ一定の方向が萌芽的に打ち出される。初期には一見優位にみえるこの方向も、その後の力関係の発展によって打ち消され、他の方向に向かったりする。

こうした全体としての方向の模索のプロセスにおいては、集団相互の力学的調整が行なわれるわけだが、隣接する集団の動きに相当左右される。とくに、社会的に隣接する集団（大集団内の諸集団、同種・同類に属する諸集団）のあり方が最も大きな関心事となり、相互に同様な動きをとろうとする運動が起こる。それは、それらが連帯した立場をとることによって、各々の集団が安全性を感じるからである。

こうした動きの中では、あらゆる小さな兆候に対しても敏感に反応し、偶発的な小さな事柄が方向決定に大きな役割をもったりする。この場合、必ずしも優位集団の意思が決定的役割をもつということはない。したがって、この段階においては、個々人の判断、とくにその衝に当たる人々の判断が有効に働きうるのである。たとえ、それはその状況に対して相対的な力しかないとしても。

しかし、しだいに形成されてきた一定方向が優位集団によって採られると、あるいは、ある反応連鎖が決定的に優位を占めるようになると、鈴木氏のヒトデのモデルのように、もはやそれに対するいかなる取消し・反対も無効となり、その方向を変えることができなくなる。こうなると個人はもとより、各集団の動きは大きく制限される。こうしたときの並発現象としてよくみられるのは、その方向に向かって個々の集団の自己規制さえ起き、その方向への勢いが助長されることである。

この段階になると、同質のものからなる連続体においては、何らの制御のメカニズムもないのである。

2　権力でなく圧力

責任を明確にしえないメカニズム

以上述べた運動法則は、権力の座にあるとみられている者（個人にしろ集団にしろ）に対しても同様にあてはまるものである。戦犯裁判の際、責任を問われた被告が、「私の個人的意見は反対でありましたが、すべて物事にはなりゆきがあります」と述べたのは、実は、ここでいう、決定がいったんおきてしまうと、いかなる反対意見も（個人としても集団としても）それをとめることのできない動的法則の存在をよく示している。

このメカニズムでは、特定の決定の結果がたいへん誤ったものであるということが明らかになった時点で、その決定の責任が問われても、それに参画した人々としては、個人としても集団としても、責任を明確にしえないのである。

この種の現象は、普通、日本人の集団主義による無責任体制とか、個人の弱さということに帰せられるが、このような見方は、印象的な説明であるにすぎない。問題は集団や個人の主体性とか意識というよりも、動的法則に求められるのである。事実、意思決定のプロセスの前半（決定の方向がうち出される前）においては、各人の意見の表明は相当自由にできるものである。したがって、自分の意見を通そうと思えば、その方向が決められる直前、タイミングよく効果的に提示しなければならない。

実際には、これは容易なことではないかもしれない。というのは、その決定の方向がうち出されるときというのは、論理的に到来するのではなく、また、ある個人・集団によって意図されたときでもなく、ある時点で急激に起こるからである。何かの拍子に、温度が急激に上昇するという感じである。そのときを後から考えると、一人一人の意見が、それぞれなんらかの形で影響し合って形成されてくるのだが、それは論理的なつめの結果ではなく、ある瞬間に、集団内の誰かのいったこと（いい方）、あるいは外的な刺激が発火点となって、決定的な方向に全体が踏み出すというのが常である。

意思決定のプロセス

決定への第一歩が踏み出されてから、最終決定にいたるまでのプロセスは、その前に比して緊張度が高く、時間的に短く、また、きわめて単純な動きをする。それ以前においては、ずいぶん時間的にも心理的にも余裕があり、お互いの気持のさぐり合いや、個人の気晴らしまでふくめた、あらゆる建設的・非建設的な意見が出されうる。日本人の意思決定が長くかかるとすれば、その時間の大部分がこの前半のプロセスに消費されるからである。

これを他の諸社会の人々（議論好きな）の場合と比較してみると、この部分は後半に比して長くない。そして、前半と後半といった転換も明らかでなく、一つの連続体をなし、とくに後半の短兵急な一気に坂をのぼるようなプロセスがなく、最後まで反対意見が考慮され、始まりから最終決定まで、しだいにスピード・アップされるが、運動の質的転換をさけることができる。

これが可能なのは、一つには役割というか専門意見というものが常に尊重されるという、異質のものをふくむ構築からくる強い認識があるためと思われる。同質のものからなる連続体を母体とする認識では、「ひっぱればついてくるべきだ」とか「ひっぱられればどうしようもない」という性質が助長され、専門の意見というものが力関係に従属しやすい。もちろん、他の社会でも力関係は存在し、日本的意思決定にみられるような要素も介在しうるが、その度合をミニマムにおさえることのできる諸要素が強く機能しうるということが、一見、非常に異なる意思決定を現出させることになる。

この日本的意思決定では、そのプロセスの後半において、一定方向へのエネルギーが増大し、すべての成員をまきこんで最終決定にいたるため、その実行が非常に効果的に行なわれるということである。

すなわち、日本でいう「全員の賛同を得た」とか、「満場一致」ということは、正確には全員がすべて同じ意見に一致したということではなく、意見が違うにもかかわらず、全員がその決定に従わざるをえない立場にたった（その意味で決定が受諾された）ということである。

このプロセスでは、反対意見、少数意見というものに対する考慮はないがしろになり、全体の中で譲歩せざるをえなくなる。こうした最終決定は往々にして実行を迫られたときという要素に制約され、そのときの要求に全員が従うことによって、いっそう全員の受諾を可能にするものである。こうしてみると、意見の一致より、ときにおくれず実行にうつるということに、決定の主力が注がれているともいえよう。

一方、欧米諸社会において「全員一致」すなわち unanimous consensus というのは、全員の意見が文字どおり一致した（agreed）のであって、たんなる受諾（acceptance）ではない。したがって、最終決定ぎりぎりまで反対意見が認められる。しかし、このためにひどいときには、意思決定がその実行のときにまにあわなかったり、実行に移ってからも、全員の協力が必ずしもえられなかったりして、その実行のスピードもゆるく、ジグザグの道をとったりする。そのかわり、とり返しのつかないような悲劇をさける可能性もあり、また、その責任を問うことも容易である。

軟体動物的構造をもつ場合は、以上のような最終決定へのプロセスをとるため、決定が最終的にどのようなものになるかは、中枢にある者にとってさえ予測しにくい。著名な政治家が、「一寸先は闇《やみ》」とか「潮どきというものがある」などといったりしているのは、こうした力学的動きを無意識に体得しているためであろう。

権力は存在するか

末端からみると、トップにいる人たちは、いかにも権力をもっているようにみえるが、その権力の行使がなされたとみられる場合は、リーダーとして卓抜な個人が存在したとか、あるいは、その人々が権力を常に独占しているため、というよりは、トップ・セクターにある特定の人々がその動的法則にたまたまうまくのったためといえよう。特定個人が権力者とみられるのは、実は、そのときの波にのった特定の優勢集団の長としてであり、さらに、彼個人が属する小集団（ならびに大集団）を彼がうまく維持している（この点では個人的能力も大いに発揮できるが）という点にその基盤がある。

小集団の論述においてすでに明らかにしたように、日本社会の組織においては、一般のレベルのみでなく、社会ならびに大集団の上層部においても、小集団が形成されているから、トップの権力者といえども、小集団的世界をもっているのであり、その中での彼の自由な権力行使は容易にできなくなっている。

このようにみてくると、権力者とよばれる人も、小集団的制約の中にあるから、権力があるとすれば、個人でなく集団にあるということになる。実際、人々の意識においても、権力は集団的（コレクティブ）な様相をもって意識されているのが常である。首脳部とか、大きな枠では政府とか、かつての軍部とかのように、特定集団をさしている。構造的により正確には、その中の特定グループということになる。特定個人の名がクローズ・アップされることはあるが、それはその特定集団の象徴であったり看板であったり、スケープ・ゴートであったりするにすぎない。

したがって、東条とヒットラー、カーターと福田氏とは構造的基盤が異なり、リーダーシップの質も異なるのである。歴史的にみても、日本社会には、西欧や中国その他の社会にみられたような、スケールの大きい、個性の強い卓絶した力をもった権力者はついぞ出現したことがない。

権力は「悪」か

それならば、特定個人でなく、特定集団は一般に信じられているほど、権力行使の特権をもっているだろうかというと、すでに述べたように、集団として権力を行使するには、全体構成の中であまりにも制約された位置づけにある。

しかし、なぜ人々は、あのように不当なまでに権力が行使されると信じ、権力を非難するのであろうか。日本人は「長いものにはまかれろ」などというくせに、権力（権限）を、特定個人や特定集団に与えることに常に強い抵抗を示す。そして、自己（集団）がより上位の、あるいはより強いもののいい分にさからえない場合は、うらみがましい感情を抱くのである。たとえば、政府に対する民間の場合には、そうした現象をよくみるところである。

日本社会では、「権力」とか「権威」は悪徳であるかのような認識で受けとめられている。度合の差はあっても、社会全体の機構・組織のうえで、当然存在するものなどという考えはないようにみられる。権力行使も、非常の際を除いて、あるいはおろかしい自己顕示欲にかられないかぎり、できるだけあらわな印象を与えないような配慮がなされている。

いったい、日本人が悪徳とみなす権力・権威とはいかなるもので、また、なぜ、そのような受けとめられ方をするのであろうか。これは、やはり、前述の日本社会の構造ならびに、そのダイナミックス（隣接集団の圧力のかかり方）に由来するものと思われる。

権力ではなく圧力

大集団に隣接する諸集団は、どうしても力関係で圧力を受けやすい。その接点に立たされた者の感覚からすれば、自分はまったく非力のように感じられる。隣接しているために、全面的に圧力がかかるということもあろう。その圧力はさらに、その圧力をかける当事者たる集団の上位集団から、また上位とは限らなくとも、圧力をかけうる位置にいる集団からの圧力の強さで、いっそう下位におかれている小集団は苦しむということになろう。

とくに、この圧力はインパーソナルな形で集団から集団へとかかるので、所属集団が小さい成員ほど、強く感じられるものである。したがって、いわゆる末端における大集団に属さない層が最もその犠牲になりやすく、この庶民感情が権力に対する嫌悪という表現となってあらわれるものと思われる。しかしよく考えてみると、日本人が権力と思いこんでいるものは、正確には上位あるいは隣接集団からの圧力という種類のものである。

それは全体の動きの中でかかってくる圧力であるから、動きが異なれば、反対方向にも動くわけである。民間団体が圧力団体となって、政府の政策や予算にも影響することは、よく知られているところである。相対的な力関係がよくみられるのである。

この圧力関係は、お互いに接近した立場にあるので、その場から逃げられず、全面的にかかってくるので、怨念《おんねん》の対象となるのである。権力に対して、日本ほど怨嗟《えんさ》の声がきかれる社会はないような気がする。さらに、前に記したように、「決定がなされたとき」の力学的動きに対する無力さが、特定人物や特定集団を敵とみなして、鬱《うっ》憤《ぷん》を晴らさざるをえない立場に、人を追いこむからであろう。

他の社会においてよくみられるような権力のかかり方というものはもっとあらわで、きびしいものであるが、一般生活者にとっては、特定行為、特定分野が対象とされるのであり、日本の場合のように、全面的にかかってくるということはない。したがって、庶民の生活感情とは必ずしも密着しないから、「うらみがましい」などといった、同類の者に対する庶民的な性質をもつ感覚よりは、あきらめとか恐怖につながるものである。この意味で、少なくとも、ドイツ人や中国人が経験したような、すごみのある権力の経験は、日本人一般にはないといえよう。

権力ではなく権威

相対的な圧力のうちでも、不可抗力とされるものは、弱小集団にその上位集団からかかってくるものである。その源泉となるのは、権力というよりは権威である。上下の組織においても、タテの順位においても、相対的に上の者が権威をもつわけで、不可抗力とされる圧力は、常に権威のある側から出される。

この常識のために、権威ぶること自体が不当な圧力をかけるという意味をもって受けとられる。したがって、「権威主義的」ということばは、悪い、あるいは不評判の形容詞であり、反対に「庶民的」ということばは讃辞になるのである。同一の母体から、他方では、実力（権力）がないのに権威をかさにきていばる、という行動のスタイルが出てくる。

実際、タテ社会では、個人や集団にとって、権力の行使は容易ではないが、権威による圧力は、きわめてかけやすくなっている。どんなに日本人が「権威」に悪感情をもっていても（実際には、権威は好まれているともいえる）、タテ社会の秩序がある限り、権威はつきものである。権力には交替がつきものであるが、タテの秩序によってささえられている権威は、その政治・経済機構、社会構造が基本的に変わらない限り安泰である。

集団についてみると、「権威ある」とされる場合の特定集団というものは、同類の他の諸集団より歴史が長く、活動のスケールも大きく、よく名の知れたものである。この種の特定集団は、その恵まれた位置づけと大きさ、格の高さにより、前述した集団間のダイナミックスにおいて、弱小あるいは劣勢集団よりも、有利に動きうる可能性も高い。

しかし、そのプロセスにおいて、そうした優位集団のみの利益追求が明らかにイメージ化された場合、そして劣勢集団の自衛意識が連鎖反応を起こすと、反対に働く大きな力が作用し、前者がその方向に傾けば傾くほど、後者の力はエスカレートし、大きなブレーキをかけることになる。この意味で、優位集団といえども、決してその特権に安住することは許されない。

これは、生物が常に平衡状態にもどろうとして自己調節をするように、劣勢集団が存在を維持しうる健全な社会にもどろうとする反応といえよう。それは「道義的に許せない」という表現をしばしばとるのである。弱小集団の正当化ということは、常日頃から日本人の道徳的感情に深く根ざしており、それは優勢にある者（人でも集団でも）が劣勢にある者に力を行使するという、組織上・政治力学上の特権に抵抗を示していることである。

なにしろ、劣勢集団も優位集団も、実際には連続体の一部であり、石垣の石のようにさまざまな集団が隣接しあった中での相対的な違いであるから、相互に距離がなく、劣勢集団からくる力をつきはなすことはできない。同時に、後者が革命的行動に出ることもできない。少数の特定の個人や小集団が革命的行動をとることはあっても、きわめて散発的な形で、その周辺の多くの人々・諸集団を、動員することなどとてもできないのである。

3　エスカレートする隣接集団間の動き

選挙違反と法

前に、局部的な動きは必ずしも全体に波及しないことを指摘したが、そのために、隣接する諸集団が、他のことを無視して、局部的な活動をエスカレートさせるという現象がしばしばみられる。これは優勢対劣勢という設定ではなく、相接する同類の集団間に起こる現象である。これにまきこまれると、いかなる集団（個人をもふくめて）も、独自の考え・信条に従って常に行動するということはむずかしい。行動の可否・決定は、隣接する諸集団の動きに大きく影響される。また、これら諸集団は、同時に相対的順位に関心が高く、競争関係に立たされている場合が常であるために、その動きはいっそうエスカレートしやすい。この種の現象は枚挙にいとまがないが、次の地方選挙の例などは、その運動法則をよくあらわしている。

地方の村落生活者にとっては、周知のことであろうが、地方選挙ともなると、東京在住のサラリーマン層の人々には想像もつかないほどの活発さで、買収・饗応が行なわれる。そして、そのほとんどが選挙違反に問われないのである。

先般の地方選挙直後、たまたま私はある農村を訪れ、そのときの話を知人からきいたのであるが、それは小説よりもおもしろい人間関係の悲喜劇を内包していた。その内容については、ここでは立入らないが、本論に関して興味をひくのは次の点である。

その農村では、村民の中の一人を候補者として立て、隣村から立つ候補者をおさえ、絶対当選をめざして、とくに中堅の村民たちを中心として、あらゆる手段を使って全力投球をするかまえでのぞんだ。しかし、彼らとしても、選挙違反にあげられることは極力さけなければならない。そこで、いったいどのあたりまでならばあげられないですむかの判定が問題となった。この場合、彼らにとって、国の選挙違反の規則は問題ではなかった。なぜならば、その規則は往々にして無視されるのが、その地方の慣習であるからである。要は、その規則からどのくらいまで出ても選挙違反としてあげられずにすむか、ということである。

そこで彼らは、その地方の選挙のベテランである、また日頃尊敬する有力者のところに相談にいったのである。そのボスが彼らにいったことは、「みんなのやっていることならよい。みんながやらないようなことは決してしないように」ということであった。

ここで使われたみんなとは、いうまでもなく、その地方の同じように選挙運動をする人たちということで、本論でいう隣接諸集団にあたり、それらの動きにそって動くように、ということで、実に日本社会の動的法則をよくあらわしている。

あまりにも派手に行なわれる彼らの買収・饗応などを目撃した当地駐在のお巡りさんが、「やい、やい、そんなことをしたらいかんじゃないか」と注意すると、「やあ、少しやり過ぎたかなあ」という反応が返ってくる。法に照らせば不正を行なっているわけであるが、彼らのシステムでは、全体の動きより自分たちだけが少し出てしまったのはよくなかったなという反省である。

接待行政の根

こうした人々の心情とか、考え方というものは、なにも田舎の選挙の例だけでなく、日本社会のあらゆる分野に見出される。すなわち、全体社会の中で同類・同種の隣接集団の世界にみられる局部現象で、その人々にとっては、慣習であり、常識として受けとめられているのが常である。法的にはたとえ不正であっても、彼らの世界では、道徳的には非難されることではない。

このように、慣習・常識・道徳といわれるものは、社会（より正確には部分社会）の動きにそっているものである。つまりそれに関係する人々・諸集団が、全体としてある方向に動いていれば、その動きを前提としている行動規範があって、それとは無関係の、彼らの生活感覚とつながらない法規範や一般社会人としての正義感とは、相当なズレがあるのが常である。

この意味で、一九七七年十一月二十五日の『朝日新聞』夕刊の「接待行政」の記事は興味深い。

税金のお目付役、会計検査院まではまりこんでいた接待行政。接待がなければ、円滑に進まない行政とは、接待行政を当然とする役人とは、一体、何だろうか。「中央」と「地方」の間で、中央省庁の間で、接待をする側、される側の病根は根深い。その断面を追った。（傍点筆者）

この意気込みで行なった実態調査で得た反応は、「うちの県でしているのは、ごく常識的な接待です」「よそでも同じ程度やっていますよ」「どこでもやっていることで、本県だけやめて印象を悪くしてはマイナスだ」、公金を使って役人同士で酒食のもてなしをしても、「行きすぎなければ問題ない」と、地方自治体の幹部は口をそろえる。……などと、一般社会人としての常識を代表する記者の意識（病根は根深い）に対する関係者の意識（どこでもやっている常識・慣習）のギャップが大きく提示されている。

悪の許容限度

全体社会の中での、同類諸集団による局部的な動きは、必ずしも違反とか病根などといわれるような悪の意識に発するのではない。なぜならば、そのほとんどのケースは、社会の特定部分が全体と必ずしも関係なく動きうる相対的自由をもっているという力学的な性質を前提として、競争によるエスカレーションに随伴して生まれる悪で、病原菌のようなものがあって、それがしだいに他を侵蝕していくという性質のものではない。したがって、その競争に参加する必要のない部分や、参加をはじめからあきらめたような部分には、悪はおよばないのである。

特定のいくつかの諸集団からなるセクターにおいて、活動が活発であったり、利害関係が相当からんでいたり、上昇期に向かっていたりすると、とくに動きがエスカレートしやすいものである。したがって、どの分野でもナンバー・ワンの地位にある集団は、あげられるというような憂き目にほとんどあわず、それに接近しようとする第二、第三ランクにある集団がやられるのが常である。

ここではとくにその名を出さないが、昭和五十一～五十二年の悪評高かった主な事件を思い出していただければ、このことが明らかであろう。これら集団は、上昇気流にのって、ボルテージが上がっているので、冷静な観点から自己の行動をみるという余裕がなく、エスカレートしている動きがどのあたりまでいっているかということさえ忘れがちである。

あるとき、ほんのちょっとした兆候がソトに出ることによって、その姿がクローズ・アップされ、その動きが他の部分にとって、耐えられないという認識が一般化すると、大きな社会的制裁が加えられ、沈静を余儀なくさせられる。この社会的制裁は、必ず特定ケースとしての具体的な人物や集団をとり上げて行なわれるという形をとる。エスカレーションは徐々に進行するもので、その渦中にあっては、どこでやられるかを予測することは容易ではなく、たまたまタイミングにより、その位置にいた者が犠牲になることになる。

エスカレーションの限度というものは、その局部の動きが、他の部分の許容限度をこえるかどうかということにあり、その許容限度も、さまざまな全体社会の条件によるもので、予測することも容易でない。

とにかく、なんらかのきっかけを契機として、許容限度をこえたとされると、同類諸集団（関係者）という局部の問題は、はじめて大きな全体の問題となる。すなわち、大きな社会問題として、全国ネットワークをもつマスコミによってとりあげられるようになる。こうして全体としての運動が起こり、方向がつけられると、もはや、局部の動きは自由を失う。

その渦中（局部）に位置しない一般の人々は、よくもこんなひどいことが行なわれていたことだと驚き、慨嘆し、また攻撃する。一方、その渦中にある人々にとっては、自分たちの行動が、一般の常識や法を破ってしまった、ということに気がついて、反省し引き下がるのではなく、「誰がもらしたのか」ということが何よりも強い関心事となる。集団内、あるいは局部的な現象としてだけにとどまるはずなのに、そうならなかったことに対する驚きである。

法的ではなく力学的な規制

最近、続発して報道された入試不正事件などは、まさにそのよい例である。当事者と一般の人々の〝驚き〟には相当へだたりがある。局部的な活動がエスカレートしすぎたことと、集団単位でみれば、内部的統一というか和が保てなくなったためであろう。入試や選挙の場合ばかりでなく、利害関係がからんだ場合は、必ずといっていいほど運動はエスカレートするし、集団内に不満分子を育む危険性をもっている。

エスカレーションがあまりにひどくなると、ちょうど、ヒトデの例のように、一本の足があまりにエネルギッシュに運動をはじめると、その力が他の部分に及ばざるをえなくなり、全体に影響を与え、それによって、隣接部分や全体が反応しはじめる。そうした力が前に述べた、優勢集団の独走に対する劣勢集団の反応のように、ブレーキの作用をもつことによって、その独自の活動をおさえることを結果する。

このメカニズムでは、「悪」とみたものを根絶するなどということはできないが、全体の健全な維持のために、勝手な行動は慎しんでもらう、という力をもっている。個人的には法的処罰を受けることはあっても、全体としてみると、これは、法的規制ではなく、力学的規制である。

この力学的規制をオブラートのように包んでいるのが、日本人のいう道徳とか道義、あるいは人道という用語であろう。これらはいつもこの力学的運動にそって使われている。上記のような遺憾な事件が報道されると、社会評論家たちはそろって慨嘆の言辞を弄《ろう》し、人々の道徳観念や意識の低さ、心がけの悪さを指摘し、不用意な行動に反省を求める、といったスタイルをとる。そして当事者を攻撃し、関係者の善処・改善の意向を期待する。

これらは全体のインパーソナルな圧力となって、当事者・関係者に対するのであって、「人の噂も七十五日」といわれるように、圧力というものは、かかりっぱなし、ということはないために、その時点における反応がいかに激しいものであっても、同一の攻撃が特定の対象に対して、長期にわたってなされるということはない。実際、どれほど大きな問題となった事件でも、徹底的に追及されるということはなく、少したつと、ウヤムヤとなってしまうのが常である。「喉もとすぎれば熱さを忘れる」という、日本人の生物体としての強さもあろうが、本論の立場からは、さきに指摘したように、日本社会が法的に規制されているというよりは、力学的に規制されているからであると、みることができるのである。

4　性能のよい連続体

観念と現実のあいだ

日本人は、自分たちの社会が力学的に規制されているということを、無意識に体得しているのではなかろうか、と私は思う。なぜならば、社会的評論（識者・評論家などといわれる人々のみでなく、一般の人々の社会現象への対応をふくめて）というものが、あまりにも観念的なもので、現実の上をうわすべりしていることと、そうしたあり方を、むしろ当然のことのように受けとめているからである。

さきにあげた社会評論家たちの反応のように、日本における社会評論というものは、主観的で独《ひと》りよがりになりやすく、問題を対岸の火事のように扱い、説得力もなく、問題の解決に役立たないものが多い。たとえば、世の関心を集めたなげかわしい社会現象に対して、道徳的批判を熱心にして、その後で「要するに教育（制度）が悪い。これをなおすべきだ」ということがよくきかれる。この種の意見は、もちろん、教育関係者以外から出されるのが常で、文部省がけしからん、とか、学校教育の内容が悪いことを指摘する。

もちろん、こうした指摘は十分意味のあるものと思われるが、それでは、実際に、どうしたら教育をその方向に改革することができるか、従来の教育体制・内容を変えるためには、どれほどの関係者のエネルギーと時間がかかるか、あるいは、それでもできるのかどうか、という問題となると、ほとんど戦略をもちあわせていない。

さらに、たとえ、教育制度や内容を変えることができたとしても、それが実際にどのくらい効果をもつものであるか、といった予測においては、まったく希望的観測の域を出ない。日本人の教育に対する期待は、並はずれて大きいような気がする。これは前述した社会認識のあり方と、密接に関係しているものと思われる（七七〜七九ページ参照）。

とにかく、実情にメスを入れて方法を論ずるのではなく、「こうあるべきだ」という謳い文句や、「こうすべきだ」という主張の吐露に力点がおかれるのが、日本における社会評論の特色である。実態をどのようにしたら、どこまで改善できるか、またできないか、という実態の把握をもとにした具体的方策に関する問題は、彼らの関心の枠外におかれているようにみえる。

ファッションとしての評論

「××のこれからのあるべき姿」とか、「望ましい××像」などというテーマが出され、ジャーナリズムにおける議論、さまざまなシンポジウム、政府への答申にいたるまで、多くの人々のエネルギーと時間がさかれるのだが、その結果は、山のように積まれた印刷物・書類が残り、一方、実態は旧態依然といったことが、くり返しくり返し行なわれる。どうして、こうしたことがあきもせず行なわれつづけるのか、心ある人々にとっては理解に苦しむところである。

しかし、みんなが相当な熱意をもって（また楽しんで）やっていることであるし、何か意味があるに違いない。少なくとも、本論で展開した構造分析の立場から考察すると、次のように理解をすることができる。

それは、こうした一連の観念論の横行は、日本社会を装う一種の衣裳であるということである。力学的規制ならびに動きというものは、ちょうどヌードのようなもので、それに着せる衣裳が道徳的観念論である。衣裳は人体をひきしめ、保護すると共に、その欠陥を補ったり、〝馬子《まご》にも衣裳〟で、よい衣裳は実体をひきたてもする。

衣裳は実体にそって動くが、実体とはまったく別のものであるように、観念的な議論や意見の表明は、現実にそってはいるが、両者は一体でもないし、交わってもいないのである。

さらに、衣裳というものが、その時代の流行を常に反映するように、社会評論にはときの流行がよく出ている。大勢の人々が同じようなことをいって、一つの見方が支配的に出てくるのは、そのときの流行に当たる。論理的な可否よりも、論者の姿勢が問われるのはそのためである。

国際会議の場で、「日本代表の演説は内容がなく、観念的で我々の期待に反したものであった」などということをよくきくのは、実体よりも衣裳に力点があり、行動計画よりも姿勢を示すということに関心があり、また、それが文化的なスタイルとなっているためであろう。少なくとも、国内的には、このような観念的提示で事がすむ、あるいはそれが意味をもつということは、日本社会がその構造設計において、すぐれた性能をもっているからである。

じゅずつなぎの連続体

現代の日本のように、社会全体を律する確固たる倫理規範もなく、宗教的基盤をもつ社会生活の規律もなく、専門家を除いては法規定もよく知らずに、とにかくつつがなく社会生活を営むことができるのは、日本社会がタテの秩序をもちながら、本論で考察したように、一定の動的法則の働く単一体として、きわめて性能がよいからだと考察できる。

単一体を構成する細胞のような無数の集団は、各々独自性をもち、同質で同一の構造をもって、一つの連続体を構成している。組織的につながらない各々の独立集団を連続体となしうるのは、すでにクラスターのところで考察したように、各々の相対的順位の認識である。全体構成の中で自分たち（集団）がどのへんに位置しているか、という認識でなく、各々自分の位置を中心とした隣接するものとの位置づけ（順位）についての認識である。この累積というか延長というものが、全体を形成することになる。

すなわち、すべての部分が、どこをとっても微妙な差（順位）によってつながっているということは、全体がじゅずつなぎになっているということになる。このシステムでは、各自の主要な関心は、前後の者との関係にあるから、上層部にいようと、下層部にいようと、同様な心理状態にあるといえる。

事実、日本社会においては、全体のスケールからみると、底辺に近く、しがない商売と世間から思われているような仕事に従事している人々でも、近寄ってみると、なんと誇り高い気持でいるか驚くほどである。

たとえば、お祭のときの小さな屋台店で食べ物を作って売っているような人でも、「わしらはこの道八年もやっているんですぜ。そのあたりの連中とは出来が違いますよ」などといった自負をもっている。どんな仕事をしている人でも、ちょっと話をすれば、こうした気持をもっていることがわかる。

他方、一般からみれば、エリート中のエリートと思われるような上層にある人でも、よく知ってみると、昇進が誰々よりおくれたとか、このポストでは不満だとか、エリートらしからぬ気持をもっていたりして、驚かされたりする。関心が常に自己中心的な局部的な比較にあるためである。そのために、上層部にいても、一般の人々ときわめて似た心理状態にあるといえよう。前に上層部にも小集団が形成されており、トップ・セクターにあっても、人々は小集団的関心が強いことを指摘したが、そのこととも密接に関連していることはいうまでもない。また、じゅずつなぎの全体構成は、次に示す日本人の中流意識にもよくあらわれている。

中流意識の実態

「余暇開発センター」(財団法人)というところで出している月刊誌『ロアジール』(一九七七年十一月号)に「中流意識」としておもしろい記事がのっている。

経済企画庁が「国民生活白書」で、日本人の九割が中流意識をもっていると発表したとき、マスコミは一様に〝ナンセンス！〟とたたいた。これは当然の批判だ。余暇開発センターのある調査員が、次のような報告をしている。麻布笄《こうがい》町のお屋敷街で、〝あなたの家は、社会階層のどのランクだと考えますか？〟と質問してまわった。

返ってくる答えのほとんどが〝中流の中〟。〝それでは、上流階級とは、どのへんだと思いますか？〟とたずねると、〝元華族のような人たちでしょうね〟ということだった。

次に、麻布の商店街の住民に同じ質問をした。〝自分たちは、中の中。上流階級は、笄町のお屋敷に住んでいるような人たち〟という答えである。

次に、いわゆる下町の江東区へ行き、やはり同じことをたずねた。〝私たちは、中の中。上流は、港区に住んでいる人〟ということだった。

このように、相対的な中流意識をパーセンテージで現わしたときに、日本人の九十パーセントが中流だとするのは、無意味なことだ。

お役人は、社会調査を買いかぶりすぎる傾向があるようだ。

この「中流意識」こそ私が連続体としてとらえる日本の社会構造をよく反映している。実はこの自己中心的な相対的・社会学的認識というものは、今日の日本だけでなく、士農工商などという身分制のあったころにも、基本的には存在したものと思われる。江戸時代の武士たちがいかに相対的な家格の順位にこだわったかはよく知られているところであるし、同様に、農民のあいだでも、村内における家の格付けは最も関心のあるものであった。彼らの生活意識としては、武士と農民などということより、同類の中の違いの方が、はるかに重要な関心事であったといえよう。第一、両者の社会的接触の場などというのはなきに等しかったのであるから。

今日と異なるところは、政治的な制度として、両者を明確に分かつライフ・スタイルが設定されていたことである。しかし、これは必ずしも社会学的に形成された階層とは同じではない。そうでなければ、あのように早く、士族と一般の区別がなくなるということは考えられない。また、多くの社会では、前近代的な階層における上層が中・下層に対して経済的にも圧倒的な優位を占めていたのに対して、日本の上層（士）の経済的基盤が脆弱《ぜいじゃく》であったことにもよろう。今日においては、全体の経済的な格差がいっそう少なくなったこともあって、ライフ・スタイルが上から下まで共通になってきたために、日本人特有の社会意識が遺憾なく発揮されるようになったものといえよう。

ここで重要なのは、上下の差がないということではなく、前に述べたように、上から下までじゅずつなぎの連続体をなしているということである。すなわち、階層的な設定が社会的にできないということである。さきにも指摘したように、どこまでが頭の部分で、どこからが尻尾なのかわからない軟体動物的な構造ということができる。このことは同時に、全体としての感度・性能は、きわめて高い単一体を構成していることにもなるのである。

日本社会について、外国人が「日本株式会社」といった印象を抱くのは、日本人がとくに強いナショナリズムをもっているとか、外国人に対して排他的であるなどという意識によるものではなく、実に、この軟体動物的構造と、その動的法則性によるものである。

常態においては、日本人は他の国の人々に比して、ナショナリズムはむしろ低調である。そして、外的圧力に対して、全体的に防御態勢を必要としたとき、あるいはある部分が対外的な直接接触の場におかれたときに起こる集団としての凝集性が、日本人としての意識を高揚させる結果となるのである。

法意識の対比

日本のような社会に対して、歴史的に異民族をその社会に包含するようになった社会、また同一社会内に顕著な社会階層を発達させた社会（両者はしばしば同一社会にみられる）では、単一体として、その内部にいくつもの大きな亀裂をもつことになり、自然発生的な生物システムに依存するだけでは、容易に事を運ぶことはできない。そこで、生物的な動的法則とはまったく異質な、状況や対象の違いに左右されない、普遍性をもつ法体系とか倫理体系を設定することによって、異質のものをふくむ複雑な全体社会の動きに、基軸を与える方法が発達したものと思われる（そのプロトタイプは古代ローマ帝国や古代漢帝国である）。

こうした社会では、常に中枢から明確な原則がうち出され、社会は軟体動物でなく、脊椎動物のような構築のあり方になる。西欧社会とか、中国社会はそのよい例である。西欧社会において、いかに法というものが尊ばれ優先されてきたか、日本人の感覚ではとらえがたいものがある。最近の西ドイツのハイジャック、シュライヤー事件にみられた対応のあり方など、このことをよく示しているといえよう。

これに対して、日本人にとって、法とは、社会の骨格ではなく、全体の動きを不当に乱す特殊な細部の手当てとして適用されるもので、専門家による技術的な問題とされやすく、全体社会を規制する原則にはなりにくい。

法規制でなく社会的規制

日本と欧米の法観念の違いについては、法律の専門家の立場から十分説明されうることと思うが、ここでは本論の社会学的分析の立場から考察するわけである。

第一部、小集団の分析のところで、日本人は自己の小集団の意向にはよく従うが、大集団のルールには鈍感であることを指摘したが、法規制となると、さらにスケールの大きい集団、国といったものを対象としたルールであるから、個人の生活感覚からいっそう遠くなることはいうまでもない。法律とか裁判というものは、例外的な特殊ケースにおいてのみ関与してくるものと考えられている。たとえば、交通事故などの場合、当事者たちができるだけ示談にもっていこうとすることなどにもそれはよくあらわれている。

私たちの社会生活に規制が働き、全体の治安が維持されているのは、個々人が小集団的規制に常に従い、全体が力学的にバランスをとろうとする動きをもっているからといえよう。こうした社会に育まれた私たち日本人は、法規制に照らして行動するなどということはなく、まわりの人々に照らして、あるいはあわせて行動することに慣習づけられている。いいかえれば、規制というもの（規制という認識さえなく）を肌で感じながら行動しているといえよう。

日本社会においては、社会的規制が法規制の機能まで包含していると解釈できる。こうした世界になれていると、法のきびしさを忘れがちである。否、知らないで過すことも可能である。

このことを私はある機会に端的に強く感じたことがあった。それは三、四年前、インド国境の町、カリンポンを訪れたときのことである。そこで、私はある日本人が監獄に入れられているから、会ってみないかといわれ、そこを訪ねると、今日世界中どこでもみかけるような日本人の青年がうらぶれた感じであらわれた。ヒマラヤのカリンポンの冬は寒い。さぞ監獄の生活はつらいことだろうと思った。理由をきいてみると、特別地区許可証なしで、この地区に入ったという。

許可証が要ることは知っていたが、こちらに来るとき、チェックポイントで運よく調べられなかったので入ってきたという。直接面と向かって妨げられない限り、ルールは無視してもたいしたことはないだろうというこの青年の考え方は、ここでいう小集団的規制しか経験しない者の感覚である。この日本青年にとっては、ルール、法のきびしさを知るために高い代償を払わされたといえよう。

小集団的規制の効用

小集団的規制は、このように法のきびしさを知らずに過してしまうあまさをもっているが、同時に、法的には少しも違反にならないのにできないという行為の分野を大きくするものである。すなわち、法的に許されても道徳的に許されないということがあるように。これはすでに考察したように、個人が小集団の意向や局地的な慣習に制約されるからである。

このことは、社会生活において、個人の行動の自由を相当制約するが、一方、社会全体の治安の維持に大いに役立っていることも見逃せない。よくいわれるように、世界の大都市の中で東京ほど犯罪が少なく、治安のよい所はない。これは私の考察からすると、ほとんどの日本人が小集団的世界をもっており、そこで個人の勝手な行動が規制されると同時に、フラストレーションの解消の機会をもちうるためと思われる。

このこととの対比で興味深いのは、日本人は公徳心・公共心というか、公共の場における道徳がない、といわれることである。公共の場がゴミだらけになるなど。こんなことは諸外国でよくあるように罰金を科すとか、法的ルールによって取締まれば、簡単に解決のつくことと思われるが、そうした方法はついぞとられることがなく、たんに「きれいにしましょう」「ゴミを捨てないで下さい」などという呼びかけだけである。

ここにも法によらず、社会的規制・道徳心に訴えるだけで、事が運びうると信じていることがうかがわれる。これは公共道徳の低さというよりは、社会的規制が効果的に行なわれうるのは、小集団的世界であって、そのソトにはあまり効果がないという社会学的認識の欠如に由来するものと見るべきである。さらにつけ加えていえば、小集団的規制は、あとに尾をひく対人関係には効力があるが、その場限りの行為にまではおよばないのである。

変化に強い社会環境

以上は、小集団的世界における社会的規制を法と対比して考察してみたものであるが、法のみでなく、価値観といったものについても同様な分析を行なうことができる。価値観のバックボーンをなすものとして代表的なものは、宗教・倫理体系であろう。日本には宗教的観念はあっても、一般の人々の日常生活の行動を律するような力はもっていない。また道徳はあっても、倫理体系というほどの普遍性をもつ原則には人々の生活は支配されることがなかった。

この意味で、日々の生活を支配する日本人の価値観とは、生活に密着したレベルでの人間関係に求められたといえよう。これは常に動き変化しうる性質をもつものであるから、不変の性質を前提とした倫理体系や宗教的ドグマに依存する価値観をもつ社会の人々より、変化に強いものといえよう。

今日、工業化による大きな技術変化によって、従来の価値観がその効用を失い、それにともなって従来の社会制度がくずれ、人々は疎外感に悩まされ、社会的・精神的不安定が人々をむしばむという見方が一般的によくなされるが、この見方は必ずしも日本社会にあてはまらない。少なくとも日本社会は、そうした悲劇的側面は相当さけられる体質をもっているといえよう。

第一に、もともと体系化された価値観に現実の社会生活が支配されていたのではない（かつては儒教的道徳が強い影響をもっていたとみられているが、それはむしろ、都合のよい部分が部分的に使われていたのであり、中国人の場合のように、体系として社会生活の基本を律していたとはいえないのである）。第二に、工業化にもとづく都市化、職業の変化にもかかわらず、小集団は常に形成されてきたのであるから、同質の（同一のではなく）社会環境を維持しつづけたといえることである。この小集団形成に象徴され、本論で考察した諸集団のメカニズムに支えられた社会環境は、体系とか原則をもたず、軟体動物のような生物的な強さをもっている。

原則のない国

かつて私は、日本を「原則のない国」とよび、中国を「原則の国」として対比させたことがあったが（『ニューズ・ウィーク』一九七三年十月十五日号。邦訳としてはバーナード・クリッシャー、仙名紀訳『インタビュー——天皇から不破哲三まで』一九七六年、サイマル出版会所収）、こうしたことを背景とした発言であった。

中国では昔から西欧の法に対比して、政治的色彩の濃い倫理体系が社会の骨格を形づくってきた。毛沢東語録は、新しい国づくりにふさわしい倫理体系、つまり全体社会に対する原則の提示なのである。

原則の設定とは、本来、人工的な性格をもつもので、常に動き、生成変化する社会の諸現象を、どこまでコントロールし、指針を与えることができるかは疑問である。権力者のドラマティックな交替や、原則の大幅な変更がときとして起こるのはこのためである。

　しかし原則があるということは、さまざまな異質の単位を全体として統合する場合に、有効な方法であることはいうまでもないし、また、異なる単位が対応した場合にも、それぞれが異なるものでも、なんらかの原則をもっているということは、双方あるいは一方が原則をもっていない場合より、はるかに相互理解を容易にするものである。日本に対する不当とも感ぜられる不信とか非難というものの出てくる背景には、この「原則のない」日本の体質というものがたしかにあるような気がする。

「日本は何をしようとしているのか」「日本のゴールは何であるか」などと、日本国内の動き、対外姿勢について、外国の特派員をはじめ、日本に関心をもつ人々は常にききたがる、否、詰問する。そして、日本の要人たちにインタビューしても、「何もはっきりしたことをいってくれなかった」とか、「何もわからなかった」といって、「外人」にそれをかくしているのではないかと憤慨する。

　しかし、正直なところ、日本人自身でもよくわからないのだ。要人といえども、この軟体動物的世界の棲息人として、とてもそんなことに答えられるものではない（一二四ページ参照）。せいぜい「心と心のふれ合い」とか、「友好関係をどの国とももつこと」などという観念的なことしかいえない。

　また、きく方も相手が脊椎動物のようなものであれば（原則を明示していれば）、現在の姿勢から、ある程度進行方向というものが予測できるが、ヒトデやクラゲのようなものを相手としては、どっちに行くのか、とつめよらざるをえないであろう。

動的法則性

しかし、こんなに複雑な世界状況の中で、いったいどうして明確な路線を設定できるというのだろう。むしろ、そうしたことを言明できるという彼らの方が、幻想を抱きつづけているのではないか、という見方もできるわけである。

いかなる社会においても、多かれ少なかれ、動的法則性が働いているとみるべきであると私は思う。

また、世界全体をみても、国という単位でばかりでなく、あらゆるセクターの独立性が減少し、相互影響がますます増大してきている今日、いっそう動的法則性の作用が大きくなりつつあるのではなかろうか。すなわち、動的法則の働きは、多くの似た集団が接近して（物理的な意味よりも、コミュニケーションが密になるという意味で）存在すればするほど、大きくなるといえよう。

この動的法則の働きと権力行使（リーダーシップの発揮）は、反比例の関係にある。すでに考察したように、かつて日本において、外国にみられたような、個性の強い強力な権力者というものは出なかった。この日本においてさえ、現代はリーダーシップ喪失の時代といわれるが、世界全体をみても、偉大なリーダーとして歴史に残るような人は、毛沢東をもって最後とするのではないかと思われる。

こうしてみてくると、世界全体も、しだいに日本社会の構造パターンの方向に向かっているのではないかとさえ思われる。しかし、これはあくまで大きなスケールでみた方向であって、必ずしも日本のような社会になるということではない。

文化とか社会というものは、驚くほど保守的な体質をもっているものである。原則とはその社会のもつ文化でもある。また原則がないということもその社会の文化である。異なる文化、異なる社会のあいだには、度合の違いはあるにしろ、今日なお大きな亀裂が存在する。いわんや原則をもつ国ともたない国のあいだの亀裂は深い。お互いに意図や姿勢を明示しない限り、国際間の交流・調整は困難である。日本に対して原則をあるいは方向を明示せよ、というのは当然の要求と思われる。

伝統的に原則をもたず（そのような文化的伝統と社会構造をもたず）、動的法則性に敏感な日本人が、これからの国際社会において、どのような高価な代償を払わされるか、また、どのようなユニークな貢献ができるか、将来の大きな課題であろう。

〔付記1〕 理論と変化の過程——社会的諸現象の理解とその方法について

余暇開発センターでは、現代日本社会研究と題して、「四つのベストセラー日本人論」とセンターがよぶ四冊の本をそれぞれもとにして、アンケートを作成し、社会調査を行なった。たまたま拙著『タテ社会の人間関係』がその一冊としてえらばれ、調査結果にもとづいたシンポジウムに著者として招かれた。その報告は「『タテ社会』理論の有効性」と題して、センターの月刊誌『ロアジール』7（一九七七年七月）に掲載されている。そのシンポジウム報告の後に、同誌の依頼で書いた関連論文がのっているが、それは、拙著についての批判・誤解に対する、筆者の見解を明らかにしたものなので、参考までにここに再掲する。

今回のシンポジウムは『タテ社会の人間関係』の著者として、私にはたいへん有益なものでした。アンケート調査ならびに討論を通じて、私自身、社会科学を専攻する者として、重要な問題を考えさせられましたので、そのことについてここに記したいと思います。それはシンポジウムの討論の中で、私がしばしば指摘しましたように、「タテ社会」というものが、ときとして私の意図と少し違って受けとられていることからも私が痛切に感じた問題です。

なぜこの種の誤解が起こるのか（このシンポジウムだけでなく、拙著に関して同じような意見が少なからずよせられています）を考えてみますと、それは私の「タテ社会」が理論の提示であって、変化の過程を扱っていないことに原因があるように思われます。

社会現象を変化の過程としてとらえるということは、十九世紀以来の社会的進化論（これはダーウィンの生物的進化論より早く登場したものです）が私たちの社会学的思考様式を強く支配してきたことによるものと思われます。とくにモルガンに源をもつマルクスの発展段階説はその強力な武器となりましたし、先進国に常に追いつこうとした日本にあっては、日本社会が先進国なみに発展するということが希求されてきたため、封建社会から近代社会へと、大きく変化していくことが当然のことであり、それがまた信条ともなってきました。さらに、戦後の近代化、高度成長は私たちの生活スタイル、価値観を大きく変化させてき、私たちはいっそう変化に積極的な意義を認めてきたといえましょう。この意味で、もちろん私もそれを認めるのにやぶさかではありませんが、その変化現象をどのように科学的に、あるいは理論的にとらえうるか、ということがより重要な問題なのです。

現象をあげつらうことなら誰でもできますが、無限ともいえるほどの諸現象をどのように取り扱ったら満足な考察ができるというのでしょうか。日本（人）は変わったとか、変わらないという議論がよくきかれます。いったい、こうした議論にどこにキメテがあるのでしょうか。どうもこうした議論は論者の意見表明であったり、ジャーナリスティックな表明の域を出ないような気がします。それは、ある時点に、ある観点に立ってなされた現象記述にすぎなく、とても科学的な理論にはならないようです。理論にならなくてもよい、という人があるかもしれませんが、それでは自己満足か、たまたまその特定の事柄、観点に興味をもった人々の関心をひくという、きわめてせまい範囲にしか通用性がないのです。そして、問題そのものの発展性がなく、特定の人々のあいだで行なわれる座談の域を出ない性質のものということになります。

とくに現代社会のようにデータが無限に存在し、諸条件が多極化している環境においては、記述的なもの、そして個人の単なる意見の表明といったものの意義は相対的に低下します。現代において統計という方法が発達したのもこうしたことを背景としています。つまりそれは、個々人の意見や信条の違いを量的な調整によって、科学的というか、客観的に総体として提示する方法です。たとえば、今回行なわれたアンケート調査のように。

しかし、アンケート調査はまた理論とは違います。このことを今回のテーマを中心に述べてみたいと思います。まず、このアンケート調査の質問表は拙著にてらしてつくられたわけですが、すでにシンポジウムで私が指摘しましたように、必ずしも私の理論を反映していません。拙著で述べたことをテストするという意図があったものと思われますが、その意味では少し無理であったと思います。正確には私がとりあげた諸側面（その理論的コンテクストを軽視して）を参考にして（あるいはヒントとして）質問項目を作成したといったところでしょう。私の印象では、理論をアンケート調査によってテストするということは、無理なことではないかと思います。そもそも、量的に社会現象をすべて把握することは不可能なことです。この大前提があるがゆえに、理論の有効性が出てくるものといえましょう。したがって、理論とアンケート調査は、無数にある社会現象に対する二つの異なる把握の仕方であるわけです。いいかえれば、まったく性質を異にするものなのです。もし、アンケート調査の結果と著書に述べられていることが一致するとしたら、その著書の内容は、同一時点（時代）の現象を的確に説明しているということになるかもしれません（もちろん、これはアンケート調査の成果を高く評価してのことですが）が、その内容は量的、あるいは常識的な記述であることになります。

理論的提示というものは、こうしたものとは異質なものです。それは現状の理解を可能にする作用をもちますが、量的に説明するものではないからです。理論的解釈とは、一見、相異なる、あるいは矛盾する諸現象を説明しうる論理をうちたてることです。これは思いつきのような一つのアイディアを出して、それに該当すると思われる諸現象をあげて説明していくのとは違います。シンポジウムの中でも私が指摘したところですが、私の「タテ」の理論というものは、決して日本社会は「タテ」であるというアイディアとか信念に発して、諸現象を提示したものではありません。また、封建時代の主従関係、あるいは戦前の社会によくみられたという上から下への権力の行使にその原型を求めたものではありません。それはまず、現実に存在するさまざまな人間関係、集団と個人の関係、集団と集団の関係における諸現象に理論的なつながりを求めようとしたことから発しています。

定着度の高い特定の人間関係、集団の孤立性、上司と部下、同僚との関係、夫婦、親子など家族成員の関係を他の諸社会との比較を念頭においてとらえ、日本のさまざまな諸現象を説明できる論理を見出そうとしたわけです。社会は常に動いているものですし、変化がみられます。したがって、一定の時期に固定した説明ではなく、ダイナミックな運動にたえられる一つのシステムとして抽出しなければならないと考えたわけです。

たとえば、上位のステータスをもつ人（上役、父親など）の権力あるいは権威が失墜し、むしろ、部下や母親の方が強い発言権をもつようになった、というような現象は、集団の孤立性自体には何らの変更を与えませんし、一つの集団の中で誰かが中心的な位置にある、という点でタテという構造の上で何らの変化はなく、同一の構造におけるバリエーションにすぎないとみることができます。したがって、亭主関白も嬶《かかあ》天下も同一の集団構造の異なる表現にすぎないことになります。すなわち、この構造のあり方は、夫と妻が対応し、その各々が侵すことのできない役割、場をもっているという二項対立的な構造とは異なっています。

いずれにおいても「タテ」の関係が出ています。したがって日本における権威主義と民主主義の名のもとにみられる諸現象は同一の構造の中に見出されます。このように、権威主義から民主主義に大きく変わったとされることも、構造論の立場で他の諸社会との比較という大きな視野からみると、実は同一のシステムが存続しているとみることができます。

さらに、一つ一つの家族の孤立性（『タテ社会の人間関係』の中でふれたことですが、これについては、最近出しました拙著『家族を中心とした人間関係』一九七七年、講談社学術文庫において詳しく考察したところです）は、企業別労働組合のあり方に共通するものがあります。さらに、このことは、中世、近世に発達した職人組合にも同様の組織原理があることが、他の社会の職人組合と比較することによってより明らかになります。すなわち、日本の職人組合というものの内部構造は、特定の親方とその子方からなる恒久的な小集団（そしてそれに源をもつ拡大された何代にもわたる一つの系統につながる集団）の寄り集まりで、今日の産業別組合（企業別組合を集合した）のあり方につながりをもっています。これに対して、中国のギルド（行会）は、特定の親方とその子方の関係が独占的でなく流動性をもち、より大きいギルド集団の中に合流され、それぞれの小単位のあいだの競争といったものは存在できないような構造になっていました。また、ヨーロッパのギルドは親方（マスター）のみで子方を排出することによって構成されていました。親方と子方の関係（タテ）を集団構造の核としていた日本人の職人組合とは正反対の構造（ヨコ）がみられます。まさにこのヨーロッパ中世のギルドから企業をクロスカットして形成される今日のクラフト・ユニオンが発達したわけです。

同様な中世から今日へのつながりは一対一の関係にもみられます。ヨーロッパ中世の封建制における主従関係においては、日本で高く評価された「二君にまみえず」という道徳は存在していません。二君、三君と主従関係をもつのが常で、そうすることによって、リスクをできるだけさけようとしました。また二君、三君に仕えるということは、主従関係が契約的に成立していたということによっても可能でした。日本では「二君にまみえず」ということが理想とされていたことを私が強調しますと、日本でも戦国時代にはそんなことはなく、ずいぶん主君を変えて何人かについた人々が少なくなかった、という反論が出ますが、重要なことは、日本では同時に二人以上の主君をもたなかったという点なのです。一生一人の主君に仕えるのは理想であって、主君を変えることはもちろんできるし、また、その例に事欠きません。しかし、同じときに二人の主君に仕えた例はないと思いますし、私の理論によると、日本のシステムではその実行はほとんど不可能です。そのうえ同一主君に仕えていても、はじめから長年その主君に仕えてきた人と、他の主君に仕え、途中からその主君に仕えるようになった人とでは、主従関係において、後者は決定的にマイナスを負います。こうしたことからも、「二君にまみえず」という指向が明確に出てきます。このことはいうまでもなく、今日の雇用のあり方に共通する指向です。できることなら会社を変わらず定年まで勤めるということがノルムとなっているわけです。転職は可能ですが代償が大きく、またリスクを伴うわけです。

このように、私が提示した理論は、今日の日本社会におけるさまざまな社会現象とつながりをもっているばかりでなく、過去の現象とも構造的につながっていることを立証しています。したがって、部分的に、私がとりあげなかったような個々の現象をあげつらっての批判は反論になりえません。構築された理論全体を瓦解させるような、あるいはよりうまく解釈できるような理論の提示によってのみ反論となりうるわけです。要するに『タテ社会の人間関係』で私が提示したことは、さまざまな諸現象の総和でもなく、特定の色づけのできる現象の例示でもないのです。したがって「タテ社会」という名称がタイトルについていますが、その中には、タテの関係がみられない集団の例もあげ、その理由を同一の理論で解釈を与えています。

ただ、ヨコの関係の機能しうる部分、側面についてはほとんど論述していません。というのは、社会の全体がいかなる構造をもって構築されているかについての論述であるからです。現実生活において、個々人がヨコの関係をタテとあわせもち、それを機能させるということと、社会がヨコ（あるいはタテ）の原理によって構築されているということとは別の種類の考察です。往々にして、この二つのことが混同されて受けとめられていることが、「タテ社会」批判の一つの理由になっているようです。この個々人のヨコをふくむネットワークのあり方、その機能については、また別の著書で論じたいと思っています。[*]

最後に、もう一度、変化の問題にもどっていえば、私の「タテ社会」の名のもとに展開した理論は、変化を内包しうる、あるいは変化に十分耐えうる構造に関するものであるということです。考えてみれば、こうした理論を形成するにいたった、そもそもの動機は変化ということに関心があったからといえるかもしれません。戦前から今日にいたる日本の社会的な変化の中には、どの社会にも共通な現象もありますし、また、他の諸社会の変化と比較して異なった現象も少なくありません。なぜ、日本の場合には、他と違ってこのように変化したのだろうか、という疑問をもって考察がはじまったともいえましょう。その結果が「日本はタテ社会で変わらない」といったような印象をもたれた読者が少なからずおられるということは、私にとっては皮肉なことです。内容における理論的な展開よりも、部分的叙述のいくつかがタイトルの「タテ社会」のイメージとあいまって、読者にある種の思いこみを与えてしまったためではなかろうかと思っています。著者の意向の如何をとわず、一人歩きをはじめてしまった著書を、私は遠くからみているような気がします。

＊これが本書となったわけである。

〔付記2〕　タテ社会論からクラゲ論へ

本書で展開した理論について、その形成のプロセスにおいて、筆者は講演・セミナー・談話の形でときどき発表した。その一つの記録をここに掲載して、本書の立場を補足したいと思う。これは『アニマ』（平凡社・一九七七年八月号）日高敏隆連載対談「動物学の内と外⑧」よりの抄録である。なお筆者がクラゲ論、つまり日本社会は軟体動物的構造をもつという考えを最初に発表したのは、一九七四年夏、東京のプレスクラブにおける講演においてである。

日高　中根さんの書かれた『タテ社会の人間関係』や『適応の条件』を読んだときに、非常におもしろいと思ったのは、日本人のもっている特殊性というのがとてもよくわかるからなんです。とくに日本人が外国に行ったとき、日本人はすぐにかたまる。あれはじつに憂うつですね。でも、ぼくなんかがそこから出ようとしても、またまずい。

中根　そうそう。日本人としては、そうした日本人コミュニティの人々とある程度つき合ってないといけないわけよ。
日高　外国なんかにいて日本に帰ってくると、日本は「タテ」社会なんだなあとつくづく思うんだけど、日本ほど順番を守るというか、序列をつけることが好きなところもまたないと思いますね。
中根　そう。すぐつけちゃうのよ。そうしないとみんな落ち着かなくて何もできないみたい。日本の「タテ」社会のエッセンスというのは、順番を守るということだと、わたくしは思うのよね。
日高　そうですね。『タテ社会の人間関係』の中で、中根さんがそのことを指摘されたときに、ぼくは非常に興味をもったわけです。それで、序列をつけるということに関心があったんですが、今度の大学の入試みたいな話になると、すごくいやな気がしてしようがない。全国共通の入試をして、全国的な序列をつくるわけでしょう。
中根　そうそう。全国的に順番がきまる。
日高　順番をつけて、東大はここで切るとか京大はここで切るとかってことにたぶんなるんでしょうね。恐ろしいことだと思うけど、それに対して、あまり反対はないんですね。試験が二度になるのはかわいそうだとかいう反対はあるけど、単一の順番をつけることに対する反対は、ふしぎにあまり聞かない。

中根　何事もそういう順位がついてると、みんな安定するんじゃない。何番だからしかたがないや、というふうに。

中国人のやり方でも序列はありますけど、一つではないのよね。たとえば五人いれば、ナンバー・ワンからナンバー・ファイブまでがいつも同じ人じゃない。問題によって変わってゆくわけ。年齢順の場合は年齢による順位がつくし、実力主義でゆく場合は実力主義の順番がつくんです。五人いても時により、場合によって順番が変わるから、ナンバー・ファイブがいつも五番目とは限らないの。

日本だと決定的な一つの順位をつくるでしょう。それをどこへいっても使うわけ。仕事場だけじゃなくて、夜の宴会にも使うし、五人にとって直接関係のないところでも使う。

日高　中国人にはいろいろの価値基準があって、それによっていろんな序列があるわけですね。

中根　そう。序列のつけかたに弾力性があるわけ。たとえば、ピンポンの選手団が来日するときなんか。いちばん若くてもいちばん強いのが、いちばん序列が高いということが見られるわけですよ。日本だとそんなことはなく、たいてい年齢順というか、とにかく一度できた先輩後輩の順序にいつも従うことになる。

結局、日本はどんな場合でも一つの順位を守りとおすという性向があるわけ。でも外国ではそんな単一の順番は簡単につけられるものじゃないという考え方があるんですね。

日高　たしかにそうですね。だから、ある集まりがあるときの席順なんていうのも非常にむずかしい。上座に誰をすえて、その次は誰で、下座には誰でというふうになるんですね。ところが、フランスなんかだと、まず上座というのはないから、順番はつかないわけです。輪になってすわる。

中根　そうそう。特別なとき、たとえば各国の代表の席次とか、トップクラスの人たちの集まり、宴会の席次とかを除いては、それほど気にしないですね。まあディナー・テーブルで主人の右にはそのときのいちばんの客である主賓にあたる人がすわるなどということはあっても、日常生活では日本人からみるとないと同然です。

日高　順番はないですね。日ごろなるべく知らない男と女が、どういうふうに隣りにすわるかということに頭をつかうでしょう。

中根　日本だと、上座から下座にかけて、ナンバー・ワンからずっと順番にすわる。

日高　そういう意味じゃ、日本人の社会というのは、カラスの社会に似てるのかなあ。

中根　えっ！　鳥のカラス？

日高　ええ。ローレンツの書いているカラスの話でおもしろいのがありますね。カラスっていっても、日本にいるのとすこし違う、コクマルガラスという種類なんですけどね。このカラスは、自分たちの群れのなかではいちおうは年長のものから順番にずっと並んでいるわけです。

中根　へえー。

日高　お互いに認知しているんですね。あれは何番だと。いや、「何番」なんてことは知らないでしょうけど。

中根　誰の次とか……。

日高　ええ。自分の次とか、下とか上とかいうのはわかっている。

中根　日本人だって自分は一番上から数えて何番目かは知らないんだわ。どっちが上か下かで。だいたいカラスとおんなじ。

一列に並ぶというのはカラスがそうだとすると、日本はカラスだわね。それで、途中で順番がかわることとない？

日高　ほとんどないようですね。

中根　動物の世界というのは一列に並ぶものだけではないんでしょう？

日高　もちろんそうです。ネズミなんか個体識別できないから、誰が自分より上か下かちっともわからないで、ごちゃごちゃしているんですね。ただ、デスポット（独裁者）ができる。「あれは偉い」というのだけは、どのネズミもわかっている。

中根　それはイタリア式よ。イタリア人は完全にかなわないというものだけのいうことを聞くのよ。

日高　それは段違いにえらい人なんですか？

中根　そうよ。いつもイタリアのリーダーって段違いでなきゃ駄目なのよ。それでなきゃみんなが認めないわけ。ちょっぴり出ただけでは全然相手にされないわね。日本だったら、ちょっぴりみんなより出てれば、それでけっこうリーダーになれるのね。要するに、みんなの中でナンバー・ワンということで。それで、リーダー以外も全部一列に上下に並ぶのが常です。イタリア式は、たとえナンバー・ワンがいても、あとは全部順位がつかなかったりします。

日高　なるほど。イタリアはネズミ式。

中根　韓国もイタリア式ね。それからフィリピンなんかもそうだわ。だからマルコス大統領みたいな相当強いのがいるからまとまってるけど。下のほうはわあわあよ。

日高　日本以外に単一社会の国というのはないんですか。

中根　五〇〇〇万以上の人口をもっている近代国家ではまずないわね。二、三〇万ぐらいの社会だったら、けっこうあるけど。ちょっと日本みたいに大きい社会ではないわねえ。

日高　単一性がないとタテ社会にはならないわけでしょう?

中根　少なくとも、「タテ」のプリンシプルというのは、一つに統合されないと全体にあまねくゆきわたらない。日本のようにきれいに「タテ」になるためには、やはり単一性が母体であることが重要になるといえるでしょう。一つの社会の中に二つ以上の民族集団が共存していたら、バランス・オブ・パワーで対等な連携関係になるか、一つが上になり、他方が下になると階層ができるでしょう。そうするといずれの場合も「ヨコ」の機能が強くなって「タテ」が部分的にしか機能しないし、全体としては「ヨコ」の機能が支配的になるわね。たいてい国家ができてから異なる既存の集団が統合されて一つになるというケースが圧倒的に多いんだけど、日本の場合はもう奈良朝ができる前に相当な文化の単一性ができてしまっているから……。

日高　そのタテ社会のリーダーが天皇であるといっていいわけですか？

中根　天皇は全体スケールにおけるナンバー・ワンだわね。しいて全国民を一列に並べることを想定すれば、やはり天皇はナンバー・ワンなの。天皇のナンバー・ワンというのには、誰も競うことができないのね、古くからナンバー・ワンの位置にいるから。鎌倉時代あたりに現われたんじゃ、とても対抗できないわけ。ナンバー・ワンになるためには誰よりも古くからいなければね。上の方に位置するためには古いほどいいわけ。

日高　たとえばイタリアが王国であったときがあるけど、そのナンバー・ワンはクルクルと取って代わるわけですか。

中根　実力でいくから当然代わるわね。あるいは同じぐらい強いのが交替するとか。日本だったら実力がなくってもナンバー・ワンでありうるわけです。天皇などそのいい例ですし、一般の人々のあいだにもそういうケースはたくさんあるでしょう。こういう社会はとても少ないのです。中国など王朝が交替するたびに完全に入れ替わってしまうシステムですから、ヨーロッパ人ばかりでなく中国人にとっても天皇制は理解に苦しむところです。実力主義と順番主義というのは違った制度を生み出すわけです。ほとんどの社会は実力主義が優先していますね。実力がなくなったら見向きもされないのが常です。

日高　まさにネズミだ。

中根　動物のほうでなわばりをつくるものがいるでしょ。あれは順位制とどう関係してるのかしら。というのは、日本の社会では序列をつけると同時に「場」というものが重要なんです。つまり、そこでは既得権が強いわけ。だからタテ社会というのはなわばりと密接につながっているのじゃないかと……。

日高　順位制となわばりがからみあっている動物は多いですね。要するになわばりをとるときに、まずもともとの順位があって順位の高い個体から、いい場所になわばりをとるわけです。順位が初め低かったものは、隅っこのあまり食物がない場所とか居心地の悪いところをなわばりにしてるわけですよ。

中根　日本の典型的な社会構造ね。

日高　順位の低いもののなわばりは広さは案外に広かったりするんです。だけども一等地でないわけですよ。

中根　日本では本家、分家というのがあるでしょ。洪水とか天災地変があると、本家のほうは安全で絶対に流れないけど、分家のほうは洪水なんていうとダーッと……。建設省がかつてした調査によると、そういうことがはっきりしてるの、だから今の話にピッタリするわ。

日高　なんだか、日本の社会というのはますます動物的だということになるなあ。

中根　ナチュラルねえ。

日高　ナチュラルといえば、中根さんがタテ社会の構造を図にしてますね。あれは、アーサー・ケストラーが書いた階層性の図とそっくりなんですね。トップから順々に下へおりてゆき、各レベルのもののあいだにはつながりがない。その点、おもしろいというか、ふしぎという気もしたんですが、人間をはじめとして動物の体も全部そういうふうに構成されているわけですね。

中根　システムとして？

日高　ええ。つまり、人間の体では一番上に脳の中枢があるわけです。昔はこの中枢が個々の器官の各部分に、たとえば歩こうというときには足の先の筋肉一本一本にまで指令を出していると考えられていたんですが、そんなことしてたら、脳のやることがべらぼうにふえてしまってどうしようもないはずである。いろいろ調べてみると、やはりそうではないんですね。非常にみごとな階層性をとっているんです。たとえば、右足なら右足の指の筋肉を動かす神経はひとまとまりになっていて、その中心みたいなところから指令がくれば、指はひとまとまりのものとして適当に動く。さらに五本の指を動かす中心はその一段上のレベルでひとまとまりになって、指全体の運動の中心となっているというふうに階層的な組み立てができあがっており、その各階層が自律性をもっている。だから、いちいち脳から動けという指令がなくとも、体の組織はかなり自律性をもって動くわけです。

中根　日本社会もそうよ。上から指令がいかないのよ。下の方が自律的に動いている。下のほうのある部分がここへ動きたい、またほかの部分もそちらへ動きたいということがじわじわっと中心にいく。で、中心で、つまり一番上にいる一人が全部の指令をうけとって、それじゃこうしなさいというんじゃなくて、神経環みたいに自動的に調整されるのよ。だから、日本政府なんて自動調整装置みたいなもんですね。いかにも政府が強くて主導しているように見えても、実際、下の方が動き出さない限り、とても政府の思うようには動けないシステムですね。政府の力でやったとみられるのは、むしろ政府が下からの動きをうまくとらえてそれにのってやったということになると思う。

日本の社会が実力主義じゃなくて、トップにたつものがたいして能力がなくてもけっこううまくいっていることともうまく結びつくわね。

日高　もう一つ、順番をつけるということでは、進化論の考え方がそうなんですね。一列に並べるから、「霊長類」なんて言葉も、結局、いちばん順位の高いものが万物の霊長でなければならないというところからきてるわけです。救われるところは、せいぜい進化をあらわす系統樹が二本になっていることですね。脊椎動物にいく枝と昆虫にいく枝との二本になってますからね。

中根　なるほどねえ。そうすると動物学だけでなく、生物学全般に進化論の考えが、色濃く残っているわけだから、生物学そのものが「タテ」ね。

日高　まあ、そうですよ。よくご存じのとおり、レヴィ＝ストロースが『人種と歴史』という本に書いてますね。現在、存在するもののパターンの違いを時系列に置き換えてはいけない、と。あれはある意味でアンチ進化論みたいな気がするわけですね。あの発想というのはいまだに生物学の中には入ってきていないようです。だから、生物学は文化人類学でいうと、ずいぶん大昔の段階にとどまっているんじゃないかと思います。

中根　まあ、人類学でもそうだけど、単純から複雑へというのは、ある程度エボルブしたとみるわけなの。だから単純な小社会と複雑な近代社会というのは、一列じゃないけれども、もっと経験のある社会というかな、昔の言葉でいえば進化したパターンになる。だけど、その単純な社会の中に働いているメカニズム自体を取り出したときに、それが複雑な社会のメカニズムよりすぐれているとか劣っているとかいうことはない。

日高　それは動物でも、たとえばアメーバは単純だといわれているわけでしょう。クラゲなんかだって単純だということになっている。ところが、そのアメーバとかクラゲとかをよく調べてみるとじつに複雑怪奇なんですよ。ものすごく複雑で、とうていアメーバは単純だなんていえたものじゃない。たった一つの細胞で何もかもやってるわけですから、逆にいったらものすごく複雑なわけ。ということはみなさん知っているんです。が、やっぱり系列に並べたいんですね。それがふしぎ。

中根　それは思考の癖みたいなもんかもしれないわね。

日高　まさに思考の癖ですね。

中根　アメーバで思い出したけど、私まだ公式に発表していないのですけど「日本社会くらげ論」というのがあるんですよ。日本社会というのは腔腸動物みたいなものだっていうの。そして、ヨーロッパとか中国、インドというのは、脊椎動物で、たとえば、ウマのように形がはっきりしていると。で、どっちへ進むのかというときには、そのときの姿を見ただけでわかる。けれども、日本というのはクラゲだから、どっちへ行くかわからない。だから気持が悪いんだと。そういうことをある会合でいったら、みんなが「日本はそんなに未開じゃない」というわけよ。そのときも、動物学的な一線論に影響されてるんだと思ったの。

日高　やっぱり動物学的に原始的だといわれているものにたとえると必ず舌禍を……。

中根　そうなの。みんながひがんじゃったの。だから、アメーバやクラゲのメカニズムのほうが科学的に見た場合にむずかしいんだといったんだけどね。

日高　アメーバというのは一つのパターンをもって現在生きているわけですから、その存在形態を人間のそれと比較することはできるわけですね。

中根　それは、一億人もいる日本の社会と、ジャングルの奥の二〇万人ほどの未開社会とでは比較できないという常識があるわけです。それは内容を考えてしまうからで、純粋にメカニズムの動きをとり出してくると十分比較できるわけです。たとえば、リーダーとその集団との関係、というようなところでは比較ができるわけ。これは特定の個体というものが、どういうふうにオーガナイズされてるかということと同じよ。だからそれと同じように動物だってそういう比較はできる。

日高　と思うんですけどね。昔の比較のあり方というのは、まず比較をして、どっちが高等か下等かを決める。つまり進化の系統樹をつくるということがあったわけですね。比較解剖学なんてまさにそうです。そうではなくて、まさに中根さんがいわれたのと同じ発想で、ある一つの種があるときに、その種には一つの社会がある、その中でどういうふうに動いているのかをおさえる。とともに、外見的には違う種でも、機能的というか論理的には同じような面もあるんだろうということを調べてゆく必要があると思うんです。

中根　その議論のレベルでは進化は関係なくなるのよ。歴史学者などもそういう話が通じないといえるわね。

つまり、歴史学者というのは、サブスタンスとか内容に注目するでしょ。だけど、最近の人類学者だったら、一つの社会のシステム自体に注目すれば、サブスタンスの違いはわかっているけど、抽出されたシステムというのは比較可能だと。

日高　ということになりますね。こういう話が通じない動物学者は、生物は歴史的存在であるということをたいへん強調する人なんです。

中根　やっぱりそうなの。

日高　生物は歴史的存在だということは、必ず進化の話ともかかわるわけですね。論理に価値があるんじゃなくて、プロセスに価値をおいているわけですね。

中根　こんなことというと多少いいすぎかもしれないけど、わたしたちが考えている立場からすると、人間は動物学的に一つの種だけど、人間の一つ一つのカルチャー群みたいなものが、動物の一つの種にあたるように思えてしかたないわけ。

日高　まさにそうですね。だから、エリック・エリクソンなんかが、人間の文化群というのは擬種だといってますね。たしかに一つの文化は一つの種に非常に似てますね。しかし、文化の違いというのは、種ほども違ってしまっているものなんですか。

中根　その違いをどこにおくかということだけど、さっきのカラスとネズミほどの違いだって、遺伝子レベルで決まってるわけだから、人間にも「社会の遺伝子」みたいなものがあるんじゃないかと思う。

日高　文化集団ごとに？

中根　そう。似たような構造をもつ社会があるわけ。もちろんその基本的に同じ構造をもった社会でグルーピングしていくと、その数は、文化の異なる社会の数より、ずっと少ない。おもしろいことには同じように水田農耕して、同じように人口増加しても、それらが同じ社会構造をもっているとは限らない。そういうふうに考えてみると、社会の遺伝子みたいなのがあるような感じがするんです。

日高　その違いというのは、環境がこうだとか、風土がこうだとかというかたちでは影響されない？

中根　父系制というシステムがあるでしょう。生まれた子供がみんな父親の集団に属するんです。これは日本にないんだけど、中国にもツングースにもあり、さらに、インド、アラブ、それからアフリカの小さな部族にもあるわけよ。自然環境がまったく違っていても同じシステムはあるし、自然環境がおんなじようなところに住んでいても、父系制の社会もあるし、母系制の社会もあるし、そのどちらでもないのがあるわけ。なぜかということはどうしても説明できないんです。まあ、民族誌的に母系制というのは南のほうにしかないということはいえます。だけど、父系制は北に多いけど、北だけではない。何によってそうなるのかわからない。伝播でもない。

日高　社会組織が伝播するというのはたいへんなことだろうと思う。

中根　こうなってくると、カラスはなぜ一列になって、ネズミはならないかっていうのと似てると思うの。

日高　そうですね。その一列になってるカラスはコクマルガラスというカラスなんですけど、別種のカラスはまた違うんです。だから、種が近ければ似てることもあるけども、違うことある。なぜ違うかといわれたら、それはわかんないですね。

中根　じゃ、おんなじようなものね。

日高　つまり、なにごとにせよ、どうなっているかは比較的わかりやすいけれど、なぜそうなったかということは、おいそれとはわからないということですね。

あとがき――新版によせて――

今回拙著『タテ社会の力学』（初版：一九七八年三月、講談社現代新書）が同社学術文庫として収録されることになり、その「あとがき」の執筆を依頼された。三十余年ぶりに拙著を読みかえしてみた私の感想としては、本書は、当時の日本社会を叙述したものではなく、集団構造の分析で理論的な提示であるため、今の私からみても変更、修正を必要とする点は見出せない。たしかにこの三十年は目にする現象的な諸相については、大きな変化がみとめられるものの、そのために私の理論自体を訂正する必要はないが、この三十年間の社会変化を本書で展開した考察にどのように結びつけて考えられるか、ということを「あとがき」として記しておきたいと思う。

この三十年間をとおして、もたらされた大きな変化の原因となったものをあげると、日本の経済、技術面での進展、ならびに医学治療の発達であるとみることができる。これらの進歩は全体人口の生活水準の上昇をもたらし、平均寿命のあきらかな上昇（男七三・三五歳、女七八・七六歳〈一九八〇年〉から男七九・一九歳、女八五・九九歳〈二〇〇七年〉）を示したとはいえ、高齢者層（とくに認知症をはじめとする病弱な人口）の増大、若年層の安易な生活の可能性（臨時的雇用機会の増大とも相俟《ま》って）などをもたらした。さらに昨年秋以来、リーマン・ブラザーズの破綻に端を発した世界的な不況のあおりに直撃された。このことは経済的に不安定な要素を潜在的にもっていた層にとりわけ悲劇を招くことになった。これらの人々の多くは、現状において、本書で述べた小集団（プライマリー・グループ）をもちえない孤独者であったことにも注目したい。

本書で述べたように、日本社会においては構造的に小集団の存在が相互扶助をふくめて重要な位置を占めてきているため、これらの人々にとっては、いわゆるセーフティ・ネットがないという状況で、政府の責任、つまり行政上の手当として社会福祉制度の充実が強く求められている。このことは、他の多くの階層社会に広く流布しているノブリス・オブリージ（高い身分に伴う義務）の意識や、西欧の教会やインドの寺院のように伝統的に広く社会福祉の役割をもった施設がないため、問題は深刻さを増すことになる。NPOやボランティア活動が散発的にみられるが、このような状況は実に日本社会にとって、はじめて顕在化したもので、日本社会の構造的弱点を現出していると言えよう。

もうひとつの注目すべき変化は、「社会慣習から法規制へ」とでも表現すべきもので、これは国際化とかグローバリズムといった傾向とも無縁ではない。それは日本が好むと好まざるとにかかわらず、より普遍的（国際的）なルールの適用に次第に向かっているという事実である。たとえば、伝統的なやり方として行われてきた談合は悪とされ糾弾されるようになった。たしかに社会慣習として許された範囲の中には、社会通念（道徳）的規範からみて、集団内部の事情、利益のために、不正とか隠蔽が行われてきたことも否めない。また、今日、ニュースとして騒がれたりしている「賞味期限」とか、原産地表示に関する改竄《かいざん》の摘発など、あまりにも多くの例が次々と出てくるのは、全体社会のシステムがローカルな（同業集団などのように限定された集団内の）範囲をこえやすくなって、顕在化するようになったためと考えられる。同時にこれは集団の枠に綻《ほころ》びが生じていることをあらわしている。いわゆる内部告発が容易にされるようになったことは、言いかえれば、個人に対する集団の圧力が弱まったことで、全体に通ずるシステムの機能が高くなることと相俟って起こる現象である。

　このことは、本書で述べた日本社会の構造そのものを変化させることではなく、所々、綻びが生じ、風通しがいささかよくなったとみることができる。筆者としては歓迎すべき傾向とみる。これによって個々人の自主性はより発揮しうるようになる。日本の集団による社会構造は個人の自主性をおさえる働きをもちやすく、こうしたことが、日本、日本人が特殊にみられるばかりでなく、世界の一員としてのプレイヤーの役割を充分にはもっていないと言われる原因となっていると考えられる。

　実際、国際的にみると、日本の存在はまだまだ低調である。本論で展開した、日本の集団構造から派生する日本人のローカル性の強い考え方が、国際的に普遍性をもつことは容易ではない。たとえば、経済力や技術の面では圧倒的にすぐれた位置にありながら、世界というか国際的にインパクトを与えうるような意見の表明ができるリーダーが出ていない事実によってもそれはあらわれている。日本人一般についても、全体の中で自分たちを位置づけて事柄を認識するという傾向は驚くほど低調である。何か外国で大きな事件が起きると、それに関してまず現地の日本人の動静が一大関心事としてニュースとなり、その事件の全体の報告は貧しいものとなっている。本書の分析で示した構造の中にいると、どうしても卑近なことに関心がいき、見方が自己（仲間）中心で主観的になりやすい。このことは日本のマスコミの報道のあり方からもよくうかがわれるところである。

以上、指摘したように、本書で考察した日本社会の構造は個々人に安定性を与え、よく機能してきたとみることができるが、今日のように新たな内外の諸条件の変化は、その構造のもつ弱点を顕在化することになったと言えよう。この際重要なことは、これら弱点もよく認識して、個々人が自主性をもち、国際的にも充分伍していけるような、より広く、そして複雑な見方をもつことであると考える次第である。

二〇〇九年五月

中根千枝

KODANSHA

本書の原本は、一九七八年、
小社から刊行されました。

中根千枝（なかね　ちえ）

1926年、東京都生まれ。東京大学文学部東洋史学科卒業。東京大学東洋文化研究所教授。現在は東京大学名誉教授。日本学士院会員、文化勲章受章。専攻は、社会人類学、インド・チベット・日本の社会組織の研究。おもな著書に『未開の顔・文明の顔』『タテ社会の人間関係』『適応の条件』『家族の構造』『社会人類学――アジア諸社会の考察』などがある。2021年没。

講談社学術文庫

定価はカバーに表示してあります。

タテ社会《しやかい》の力学《りきがく》

中根千枝《なかねちえ》

2009年7月13日　第1刷発行
2021年11月22日　第8刷発行

発行者　鈴木章一
発行所　株式会社講談社
東京都文京区音羽2-12-21 〒112-8001
電話　編集（03）5395-3512
販売（03）5395-4415
業務（03）5395-3615

装　幀　蟹江征治
印　刷　豊国印刷株式会社
製　本　株式会社国宝社
本文データ制作　講談社デジタル製作

ISBN978-4-06-291956-2

「講談社学術文庫」の刊行に当たって

これは、学術をポケットに入れることをモットーとして生まれた文庫である。学術は少年の心を養い、成年の心を満たす。その学術がポケットにはいる形で、万人のものになることは、生涯教育をうたう現代の理想である。

こうした考え方は、学術を巨大な城のように見る世間の常識に反するかもしれない。また、一部の人たちからは、学術の権威をおとすものと非難されるかもしれない。しかし、それはいずれも学術の新しい在り方を解しないものといわざるをえない。

学術は、まず魔術への挑戦から始まった。やがて、いわゆる常識をつぎつぎに改めていった。学術の権威は、幾百年、幾千年にわたる、苦しい戦いの成果である。こうしてきずきあげられた城が、一見して近づきがたいものにうつるのは、そのためである。しかし、学術の権威を、その形の上だけで判断してはならない。その生成のあとをかえりみれば、その根は常に人々の生活の中にあった。学術が大きな力たりうるのはそのためであって、生活をはなれた学術は、どこにもない。

開かれた社会といわれる現代にとって、これはまったく自明である。生活と学術との間に、もし距離があるとすれば、何をおいてもこれを埋めねばならない。もしこの距離が形の上の迷信からきているとすれば、その迷信をうち破らねばならぬ。

学術文庫は、内外の迷信を打破し、学術のために新しい天地をひらく意図をもって生まれた。文庫という小さい形と、学術という壮大な城とが、完全に両立するためには、なおいくらかの時を必要とするであろう。しかし、学術をポケットにした社会が、人間の生活にとってより豊かな社会であることは、たしかである。そうした社会の実現のために、文庫の世界に新しいジャンルを加えることができれば幸いである。

一九七六年六月

野間省一